トーシャ・シルバー 著
釘宮律子 訳

それは あなたのお金じゃ ありません

聖なる豊かさで満ち足りて生きる！

Tosha Silver

How to Live Rich from Divine Abundance

It's Not Your Money

ナチュラルスピリット

IT'S NOT YOUR MONEY

Originally published in 2019 by Hay House Inc.

Japanese translation rights arranged with Hay House UK Ltd., London
through Tuttle-Mori Agency, Inc., Tokyo

偉大なるカーリーへ

『それはあなたのお金じゃありません』目次

皮肉にも
神に手綱を渡すとき
かつての願望が殻を破りはじめ
どんな形であれ
大抵は果たされる
（愛そのものからのギフトとして）
このときばかりは
あなたは願望の奴隷ではない

――『Make Me Your Own』（『私をあなたのものにしてください』より「自由の身」未邦訳）
トーシャ・シルバー

はじめに

パパ、言ったでしょ。神さま抜きだと、あたしつまんないの。
――コールズ百貨店でレジ待ちの少女

　もし何年か前に、私がお金についてのスピリチュアル本を書くと誰かに言われたとしても、絶対に信じなかっただろう。けれど自分の人生をふり返ってみれば納得がいく。私がこれまでに書いた本はすべて、ゆだね、**神**の導きにまかせるための実践的な方法が中心で、そしてお金はこの方法にとって、もしかすると一番しつこく厄介なテーマかもしれないからだ。多くのスピリチュアル志向の人がほぼ何にでも**神**を招き入れようとするのに、金銭のことになると別なのだ。

私はユダヤ系の中流家庭の真ん中の子として育ち、両親は兄弟ふたりと私が物質的に快適でいられるよう、それはもう懸命に働いた。両親にはずっと感謝していると思う。けれども幼少期から私の頭につきまとっていたのはただひとつ、差し迫る破滅だった。見たところどれほど安全だろうが、私は漠然ながらも頑なに、災難が間近で待ちうけているとつねに確信していたのだ。

もしかするとこの絶え間ない恐怖の原因は、ホロコーストのほんの二世代後の生まれで、遠い親戚にそれで命を落とした者もいるからかもしれない。子どもの頃、大虐殺や強制収容所、それに経済崩壊について、よく話を聞いていた。きっとすさまじい恐怖が私のDNAにそのまま書きこまれたのだろう。

またはもしかすると、苦しみや喪失、そして辛労に満ちていた過去生の遺産かもしれない。わかるのはただ、裏庭には大好きな柳の木が一本立つ静かな牧場風の家庭で育ったにもかかわらず、とめどない不安が揺るぎない現実だったということだ。そして不安な思いで待ちつづけたその説明しようのない何かは、とっぴで劇的な形で姿を現した。

六歳のとき、ある雨の降る午後、珍しく母が何も言わずに出かけた。二十分もしないうちに、私は通りを走り、気も狂わんばかりに母の名前を叫びながら近所の家のドアをドンドンと叩いていた。お母さんは誘拐されたに違いないと思ったのだ。近所の家のキッチンで母が平然とコーヒーを飲みながら卵を借りているのを見つけたとき、私はホッとして涙を流しながら、母の太ももの上に倒れこんだ。母はしかめっつらをして近所の人に、「そう、これがうちのかわいい子よ、超神経質な娘」と言った。

たまに両親がそろって出かけると、兄はベビシッターのパティをスクラブル［訳註　英単語が学べるボードゲーム］で打ち負かすのを楽しみにしていた。いっぽう私は冷えきった寝室に腰をおろし、顔を赤くしながら窓に押しあてて暗い通りをじっと見つめ、ふたりのポンティアックが戻ってきたら見えるはずのライトを何時間も待っていた。ようやくドアの鍵の音が聞こえると、まるで真夜中に太陽の光が射しこんだように、全身が喜びであふれたものだ。そして、どうにか今夜も悲劇を免れたけど、いつ次が襲ってくるかわからないじゃない？　そう思っていた。

だからたしかに、私には絶え間ない危機感とともに熱っぽい想像力があったわけだけれど、若いうちから、自分をなるべく勇敢で普通っぽく見せられるようにはなっていた。それが大学を卒業したとたんいきなり、あの生死の恐怖が押し寄せてきたのだ。就職も決まりかけていたというのに。私はコミュニティ・カレッジで第二外国語としての英語を教えるようになり、次第に副業でマッサージや、直観でのカウンセリングをするようになった。〝これじゃまだまだ〟という恐怖が、いつも嵐雲のように垂れこめていた。クライアントからキャンセルが一件出ると、私はパニックになった。毎月の生活費はまかなえていたけれど、ある日もしそれができなくなったらと、いつも気を揉んでいた。結局はそのせいで働きすぎて疲れ果て、三十歳前には副腎不全で寝たきりになって三年を過ごした。前の二つの著書で書いたことだ。

九〇年代に入る前、私が健康をとり戻しはじめた頃、現実化や引き寄せの法則についてのニューエイジの考えが流行りだしていた。クライアントの多くがどんな願望も、ありありと思い描いたりポジティブ思考をしたりすれば、〝磁石のように引き寄せられる〟という考えに夢中になっていた。彼らはバリ島旅行から、マンハッタンのアーティスト用のアトリエまで、欲しいすべての写真を貼ったビジョンボードを飾った。でも見ていて気づいたのは、多くの人が、何かネガティブなことを考えようものなら願望成就の妨げになるかもしれないと、怖れて生きているということだった。なかには願望が卵からかえらないたびに、きっと自分が〝妨げている〟んだと思って、自分自身を激しく責めたてる人すらいた。

でもこのお願いごと大追求合戦は、メタなアイディタロッド〔訳註　米国最北のアラスカ州を横断する過酷な犬ぞりレース〕のようで、私は最初から戸惑い、虚しい気がしていた。比較的快適とはいえつねに恐怖につきまとわれて育ったので、願望を連ねたリストに意識を集中したら平和がもたらされるというような、そんな幻想は抱けなかったのだ。私自身のクライアントを見ていても、名声や財を生み出した人はいたけれど、その後彼らはそのすべてを破綻させてしまった。人々はソウルメイトを現実化し、同じスピードでその相手を失った。ひとつの痛々しい願望が、また別の痛々しい願望を招いているようにしか見えなかった。

同じ頃、私はヨガ哲学についてスピリチュアルな勉強を深めたくてたまらなかった。それ以前に大学でヨガを紹介され、多くの答えがここにあると感じていたのだ。ストレス軽減とか、お尻の形が良くなるとかよりずっと多くだ。（何もそれが悪いということではない。サインフェルドもそう言っている〔訳註　九〇年代にアメリカで大人気だったコメディ番組『となりのサインフェルド』のこと〕）。人生には、生まれ出で、ものごとを追い求め、そして死ぬということよりもっと深い、もっと微細な意味合いの答えがあるはずだとわかっていたのだ。人生の避けられない流転とは関係なく、私は安心感と、足るという感覚——浮き沈みや崩壊、そして激変にかかわらず、なぜか大きく育める感覚——を見つけたくてしかたなかった。

そこで『バガヴァッド・ギーター』やパタンジャリの『ヨーガ・スートラ』など、古代インドの有名な経典を勉強しはじめた。無執着（ヴァイラーギャ）や、非所有（アパリグラハ)、そしてゆだねる(イーシュヴァラ・プラニダーナ)などの考えのなかに、言葉では表せない安らぎを見つけた。それらはずっと熱にうなされ渇ききっていた私の精神状態をなだめる、美味しい飲みものだった。

それと同じ頃、二〇世紀の形而学作家であるフローレンス・スコヴェル・シンの作品に出合った。彼女は実直なニューヨーカーで、とくに注目すべきは、『人生を開く心の法則』(たま出版)という本を書いたことだ。フローレンスを通して、私は**神**がすべての**源**だということを〝会得〟した。終わり。完。一見どれほどありえなくても、この**源**はあらゆる状況で呼び起こせるとわかってきたのだ。**神の秩序**——最大の試練ですら、根底には首尾一貫した計画があるということ——についてのフローレンスの理解が、私の飢えた心の糧となりはじめた。ヨガの経典の勉強と相まって、周りの見えない恐怖の霧から抜け出て、前に進む新たな道が現れたのだった。

それはまるで、**神**がごろんと寝返りをうって笑ったかのようだった。「かわいい子よ、あのね、あなたがここにいるのは、どうやって私に仕えるかを学ぶためであって、次から次に指令を出すためじゃありません。だから、ただ私にまかせなさい。そうすれば惨めにビクビク怯えながら生きることはなくなり、なぜ自分が生まれたのかを思い出すでしょう。必要なことはすべて、あなたの想像以上に満たされます!」

そのうえ、私自身のエゴはやってみたところでたいして現実化できなかった！　また、引き寄せの法則にはいくらかの真理（思考はたしかにある程度の現実をつくる）があることは知っていたけれど、ほかの法則も確実に作動するということもわかってきた。ヨガの経典で、私がとくに引かれたのはプララブダ・カルマだ。魂は転生ごとに明確な履修科目があって生まれてくる、という考えである。あなたがどれほどビジョンボードをつくろうが、もしかすると願望すべてが形になることにはなっていないのかもしれないのだ。

私がずっと求めてやまなかった平和は、この**力**と意識的に調和して生きることを身につければやってくると、なんとなくわかってきた。**それ**を使って願いを手に入れるよりむしろ、**それ**に自分を使ってもらう方法を学びたくて、そう激しく思い焦がれた。願望を一分の隙もなく追い求めるのは、まったくのマイクロマネジメント［訳註　上司が業務の一切を監視し、小さなことにも干渉し、部下には何も意思決定をさせない管理の仕方］のような気がした。「尊い毎秒毎秒しっかり気を張っていれば、ようやく、とうとう、たぶん欲しいものが手に入る」と、考える人がたくさんいた。でも私に見えてきたのは、エゴは願望の底なし沼で、かならずしもそのすべてが魂の至高善のためになるわけではない、ということだった。

神なる源［訳註　前作までは「神の源」と訳した］についてのフローレンス・スコヴェル・シンの洞察――どの人も、場所も、物も、ことも、自分の守護にも安全にもならず、なるのは**愛**そのもののみであるという考え――を通して、私の人生はさらに変わりはじめた。どうすればエゴの計画をやめ、手放せるのかわかってきたのだ。それはときに、とても、とてもつらかった。けれどそうするうちに、新たに神聖な裕福感が芽生えてきたのだ。それは大金を現実化することとは無関係で、すべてはいかに自分をひらき、与え、受けとり、そして**流れ**に奉仕するのかをわかっているかだけだった。

　これはきっと誰もが身につけられることだと思う。年齢や人種、国籍、性別、性的志向、あるいはそのほかの何とも関係ない。なぜなら最も実質的に、**神**はそのすべてを超越しているからだ。

　ここで私は、しばしば最も残酷かつ不当な形でこの社会を悩ませ、影響を及ぼす、まさに現実の〝主義〟や〝慣行〟を無視しているわけではまったくない。それでもなお、この**源**を招いて体現すると、目下の、一時的な、生身の人間としての身体や状況が、その制約を超越させられるのだ。そして、どんな方法であれあなた個人のもとに行くよう向けられた**神**の寛大さに対して、あなたは自分をひらく。意思や好奇心があれば、または「ふんっ、私はへとへとなんだよ」という思いだけでも、この新しい方法は学ぶことができるのだ。

もとになったコース

本書のもとになっているのは、私が二年前に教えたオンライン・コース――ぜひやってほしいとずっと頼まれていたもの――である。多くの人が私の著書を読んでいるか、私の運営する《〝とんでもなく全開〟に生きる》という、**神**の導きにまかせる技を練習するオンライン・フォーラムに参加していた。

日ごと狂気的に不安定になっていく世の中で、人々は足るを感じるための方法を、順を追って学びたがった。なかでもとりわけ、豊かさについて悩み苦しむのをやめられるようになりたがっていた。この皮肉、私にはわかった。**神**の卓越したコメディ感覚を通して、人々がかつての完璧な**大惨事女王**に、今や助けを求めてやってきていたというわけだ。

そのいわばオンラインでの船旅の初回には何百人もが申しこみ、私たちは一緒に航海に出た。その毎週の意気ごみたるや、ゾクゾクしたくらいだ。時間が押せば押すほど、みんな活気づいてきた。(ところで、本書で紹介するお便りや大抵の話はコース参加者からのものだ。ただしプライバシーを考慮していくらか変えている)。そして見ていると、**神なる源**の原則を真摯に応用した誰もが、背景にかかわらず、お金との新しい関係を獲得でき、何ひとつ現実化するまでもなくなったのだ。

航海が終わるまでには、私はこの本を書くよう信じられないほど強く引かれている気がした。本のメッセージは、「自分を変える、またはもっと良くする方法を学びます」というのとは逆だ。どうすれば起こせるのかまったくわからなかった変化を、**愛**そのものがもたらすにまかせていく、ということだ。これは、「私はできる！」というのとは関係ない。むしろ、「私には、エゴには、見当もつかないかもしれないけど、**神さま**はもちろんわかってる！」ということだ。

あなたは自分の金銭問題を、**愛**に捧げられるようになる——それも、単に無味乾燥な知的エクササイズとしてではなく。現実化することへの執着により、悲しいかな、多くの人が実利的な意味でのみ**神**のことを考えるようになった。でも幸い、**彼女**は宇宙のコストコ以上なのだ。

これは共同創造やビジョンボード、または神さま銀行から百万ドルもらえるよう架空の小切手を自分で書くのとも関係ない。代わりにあなたは自分のお金を、問題を、願望を——すべてを——**愛**に捧げ返しはじめ、執着と無理強いのマトリックスから解き放たれていく。そのうち、なるほどこれは本当に自分のものではない、という気づきがやってくる。そして、あなたが奉仕でき、そしてあなたに奉仕したくてたまらない、より大きな何かを部分的に感じるようになる。

　要するに、あなたは**神**の流れを通すパイプとなるのだ。個々の人や場所、物、ことを自分の救世主と勘違いすることはなくなるので、**神**が何かを届けんがための方法を受け入れるべく自分をひらく。それも大抵はあなたが想像もつかない方法だ！　同様に、**聖霊**が誰かに与えんがために、いかにあなたを使いたいかに対しても、ひらくかもしれない。それらはすべて大いに身につけることのできるスキルなのだ。

　さて、たぶんあなたはこの本を読みながら、こう考えている。「ふーん……たった今、私の銀行口座には三十八ドル入っていて、そのお金もこのいまいましい本を買うために借りなくちゃならなかったんだけど、そういうことがいったいどう起こるっていうの？」。（いっぽうで、あなたはお金はたっぷりあるものの、失ってしまうんじゃないかといつも怯えている人かもしれない）

　しかしあなたの金銭状態がどうであれ、それは重要ではない。なぜなら、あなたがこのプロセスに心から取り組めば、**神の流れ**のなかに移行し、**神**のみがすべての所有主であり、源泉であるとわかってくるからだ。

　そして約束する。その後、すべてが変わってくる。

それで、なんでこのタイトル？

もしかすると、そもそもあなたが引かれたのはこの本のタイトルかもしれない。でも本当に、猫にマタタビみたいな、そそる表現にしたつもりはない。「それはあなたのお金じゃありません」と言うとき、ああ、私は本気でそう思っているのだ。

本当にあなたのお金じゃない。

そしてもちろん私のでもない。

すべて**神**のものなのだ。

おそらくあなたのシニカルな部分はこう思っているだろう。（以前、あるラジオ番組の司会者からそう言われた）。「そんなのありえない！　あなたクラックでもやってラリってるの？　もし明日あなたの車が誰かに盗まれたら、持っていかれるのはあなたの車よ。対処しないといけないのはあなたなの！」。それは正しい。そう、たしかに、あるレベルではあなたの車であり、あなたのお金で——全部あなたのものだ。でももっと深いレベルでは違う。そこがパラドックスなのである。

じきに、あなたもわかってきて自分で信じるようになるだろう。

なぜなら、もしあなたが何かによって——運命であれ、破れかぶれだからであれ、あるいは親友によってであれ——ここに引っ張られてきたのなら、それはたぶん、社会的に引き起こされているある種の夢遊病から、目覚める準備ができているからだ。内なる目覚まし時計が突然鳴りだして、「**愛**がすべての供給者だと知る時間です」と、言っているのかもしれない。

たぶんようやく、あなたの準備が整ったのだ。豊かさを追い求めるより、むしろ豊かでいる準備が。

この切り替わりが起こるように、これから具体的なステップを案内していく。もとになったコースは八週間で、ぜひあなたもこれに倣って同じ時間を捻出するよう強くおすすめする。大方の人はカチカチにこり固まった窮屈な思いこみを抱えているので、八週間は脳が切り替わるには程よい長さで、やる気を維持するには程よい短さに感じられるだろう。

忘れないでほしい。あなたは**愛**に奉仕するにつれ、自分が面倒を見られているということを、少しずつ感じはじめる。本当に必要なことは満たされるという信頼が育ってくる。

私にとって——そして、これらの原則に従った多くの人にとって——この恐怖が軽くなるという発見は、終身刑から仮釈放されたようなものだった。あなたのではなく、**神**のお金なのだから、ストレスを感じたり、戦略を練ったり、策を企てたり、そのすべてを現実化させたりするまでもないのだ。

エゴを通して獲得したものは何であれ失うことがあるが、あなたが**流れ**の一部であるとき、**神**は何でも誰でも使って供給できる。しかるべき行動や人脈がどこからでも生じうる。より大きな何かがようやくエゴに取って代わることができるので、もしあなたの魂が何かを必要とするなら、それはやってくるのだ。

絶え間なく流れこんでくる恩寵のパワー、受けとる喜び、あなたの人生という海岸に打ち寄せる波のように、次から次にやってくるシンクロニシティ――さあ、これが真の豊かさなのだ。

用語についてひと言

本題に飛びこむ前に、二点問題に対処しておく必要がある。

#1　で、神については？

古い言葉で力づけられるためには、その言葉をとらえ直す許可が必要な人が多い、ということがわかってきた。人によっては、**God**［訳註　神。一神教、とくにキリスト教の神］という言葉は感情的、歴史的なお荷物を背負いすぎているので、羞恥心や恐怖、それに罪悪感しか呼び起こさない。ある女性は、**神**の計画、という考え方に困っている、というお便りをくれた。六〇年代に厳格なカトリック教徒として育った彼女にとって、計画とは苦しみを意味するというのだ。彼女は、**Divine**［訳註　神。神性を有するもの］という言葉によって、私が宇宙の処罰者ではなく、むしろ**無限の善**を指しているのだろうかと考えていた。
そう、まさにそのとおり。私は彼女に、自分で選んだ言葉を使うようすすめた。ほかには、**愛**。または、**永遠**。それか、**流れ**でもいいかもしれない。あるいは私のお気に入りのひとつで、サンスクリット語の**シャクティ**。全創造物に生命を吹きこむ**至高の力**のことだ。私にとっては、呼び方は重要じゃない。名前は結局のところ、比較しようがなく、名づけようがないものの入れ物なのだから。

人はみなそれぞれだ。もしあなたが特定の多神教に親しみを覚えるなら、その呼び名を使えばいい。たとえば、**イエス**、**仏陀**、あるいは豊かさをもたらすインドのまばゆい女神、**ラクシュミ**に捧げる人もいるし、一神教的な**神**を形なき光として見る人もいる。二千年続いた父権社会的な言語の輪縄から逃れるために、**女神**を好む人もいれば、ルーミーのようなスーフィー詩人風に、**最愛の相手**という考え方に共感する人もいる。

なかには私のように**God**、**Lord**（**主**《しゅ》）、**Divine**、または**Spirit**（**聖霊**）［訳註　Holy Spirit の略。「三位一体の第三位格」］といった言葉だと、守護的で安らぐと思う人もいる。けれども、私はけっしてそこに性別は見ないから、**彼**と呼んだり**彼女**と呼んだりしてよく入れ替える。使うのは大抵こういった言葉だけれど、ほかのも織り交ぜるだろう。支えてくれる感じがして、自分に合っていて、魅力的になるように、ぜひあなたにとって必要な言葉にしてほしい。
共鳴する言葉を選ぶというのは、スピリチュアルには興味があるけれど型にはまった宗教は嫌だ、という場合にもたぶん役に立つ。心配はいらない。**流れ**は今からでも信頼できるようになる。私の友人に、捧げ、ゆだね、そしてひらく、という考えを真に生きている――なのに、自分を確固たる懐疑論者だと見ている人がいる。それでもなお、彼女はエゴを超越した何かを尊重しながら、信じて進んでいる。そしてそれをよく、『老子』の道《タオ》と呼んでいる。

あるときオーシャン・ビーチでサーフィンの名人にこう言われた。「自分の内側に耳を傾けて、あの**力**に頭《こうべ》を垂れて。そして波が行く所まで乗っていくんだ。どんなエゴも海よりでしゃばることなんかできない……やってみる奴らはいずれ砕け散って燃え落ちるしかない。やむを得ないよ」

この捧げ方もちょうどそんな感じだ。受け身でも弱気でもなく、むしろこの原始的パワーを尊重しているのである。

私にとって、**神**は外在するだけでなく内在もしている。それは**愛**であり、**すべて**であって、稲妻を投げつけてかんしゃくを起こす、気難しくて手厳しい空の雷神トールなどではまずない。この生き方は、あなた自身の内なる**偉大な自己**を呼び起こし、ハンドルを握ってもらうことなのだ。もし**神**が自分の外側にいる権威的存在でしかないとしたら、なんという悪夢だろう。かならずや生じるパワフルな変化は、この**愛**とのかつてない親密さを求めることからやってくる。

アニータ・ムアジャーニは、その著書『喜びから人生を生きる！　臨死体験が教えてくれたこと』（ナチュラルスピリット）のなかで、自身の臨死体験から生じた気づきをこう書き表している。「私から切り離されている外側の創造物などないとわかったのです――なぜなら、外側という言葉が分離や二元性を示唆しているからです。……私は宇宙エネルギーという言葉を使ってきましたが、気やプラーナと言っても構いません。これらの言葉は〝生命力のエネルギー〟を意味します。……端的に言うと、生《せい》の源であり、生きとし生けるものに巡り渡っています。それどころか、全宇宙を満たしていて、そこから切り離せないのです」

私はこれに心から同意する。

#2　それで、この諸々のお祈りについては？

私の前著作、『私を変えてください――ゆだねることの隠されたパワー』（ナチュラルスピリット）には、変容を求める祈願がたくさん載っている。**神**という言葉と同様に、これについても人それぞれの意見があった！　**愛**が私たちを変化させ、誤った同一化や抑制から解放する、という考えが大好きな人もいれば、大嫌いな人もいた。たまに読者から、「私は変えられたくなんかありません。大変な時間をかけて、やっと今の私で充分良いんだって気づいたんです」と、お叱りを受けたこともある。だからこの考え方についても説明させてほしい。

　この本のお祈りの目的は、あなたがエゴの限界の外へと移行しやすくすることだ。これらのお祈りは、自分をねじ曲げて自分でない何かに変えるよりむしろ、実際には、より真の**自己**にしてくれるのである。**神**を招き入れて状況を引き受けてもらうと、どれだけ奮起奮闘しようと得られない自由や自発性が、しばしば解き放たれる。あなた自身の内にいる直観的な**自己**が、しかるべきタイミングでしかるべき行動を、あなたを通して示すのだ。それはただ招かれるのを待っているだけだ。

私がこのお祈りを使いだしたのは、最愛の母デビーが地球での最後の数週間を過ごしているときだった。悲嘆と今にもすっ飛んで行きたい思いとで我を忘れた私は、母のいる部屋でそのやせ細った身体に寄り添い、母が必要とすることができるよう祈りはじめた。「**神**よ、私を変えてください。母のために、今ここで冷静でいられる者に！」。驚いたことに、これは魔法のように効いた。まもなく私は、このお祈りはほぼ何にでもパワーを発揮すると発見したのだ。

そうは言っても、どうかあなたの気質に適した言葉で祈ってほしい。もし、「私を変えてください」という言い方にムカッとくるなら、「私を助けてください」、「私を〜〜できるようにしてください」、「私に〜〜させてください」に替えたらいい。またはほかの何でもいい。つまり私は、**神の愛**にとっとと変容させられて、エゴのではなく——**彼**の——計画に取って代わられるという考えに、個人的にとても盛りあがるのだ。でももしあなたがそうでないなら、ほかの言葉でうまくいくだろう。重要なのは、あなたがじきじきに、本心から、そして親密な感じで、招くことだ。言葉の厳密さはそれほど重要じゃない。

WEEK ONE

A TOTAL RELIEF

第１週

完全なる安心

あなたがもはや何にも執着していないのなら、
役目は果たしてしまっている。

――ニサルガダッタ・マハラジ
『アイ・アム・ザット　私は在る――ニサルガダッタ・マハラジとの対話』
スダカール・S・ディクシット他

第一週は本章を読み、その主旨をあなたの人生のどこに適用するか考えてほしい。これらの概念を理解することで、第二週から始める五つの積極的ステップの準備が整う。

私を変えてください・豊かさのための祈りフルバージョン

最初の概念は、あなたにとってフル装備の秘密兵器となる。確実に愛の変容パワーを呼び入れ、意識を上昇させるのだ——あなたの現状がどうであれ関係ない。豊かさそのものを——感謝や繁栄、そして自由も——呼び起こし、さらにはより深い目的にも役立つ。自分も受けとるに値すると、あなたの存在丸ごとに教えるのだ。多くの意味で、これは自分の価値認識の歌である。

最愛の神よ、あなたを万物の無限の源と知り、楽に豊富に与えさせてください。
私をあなたの富を通す、緩い、ひらいたパイプにしてください。
私に必要なことはつねに驚くべき形で満たされると、
ハートの赴くままに存分に与えても大丈夫だと、私を信頼させてください。
そして同様に、受けとることに対して私を全開にしてください。
私自身の価値や美しさ、そしてふさわしさが疑問の余地なくわかりますように。
私に与えるという崇高な喜びを、他者に与えさせてください。
私はあらゆる形で受けとるに値すると感じられますように。
あなたの光を制限なく運べるように、
自分を完全に愛し、ゆるし、受け入れられる者に、私を変えてください。
去る必要のあるものは、すべて去らせてください。
来る必要のあるものは、すべて来させてください。
私は完全にあなたのものです。
あなたは私で、私はあなたで、私たちはひとつです。
すべてはうまくいっています。

習慣として、この八週間は毎日欠かさずこのお祈りを読みあげるように。これはいわば強壮茶で、あなたのなかに染み渡るには時間がかかるのだ。

このお祈りはどうやら、あなたが誰であろうとも、そのスピリチュアル体系のさまざまな部分をいかに癒し、強化すればいいのか知っているようである。たとえば、与えるのは心地いいけれど、どうすれば受けとれるのかさっぱりわからない人――とくに女性――もいる。与えるけれど――おかしなほど与えすぎでさえあるけれど――、その後にお返しがもらえないと烈火のごとく怒る人もいる。このお祈りは、「自分も受けとれる」という意志を浸透させるのだ。

ほかには、過去の憤りが和らぐ人や、深く埋もれた苦々しさがとり除かれる人もいる。また、過去の金銭的過ちについての羞恥心から楽になる人もいる。それでも与えるのが怖い人には、そのギュッと握りしめようとする手をほぐし、もう役に立たない思いこみや昔の憤りを溶かし去ることもある。

私はこの豊かさのお祈りを紙に書いて浴室の鏡に貼り、毎日唱えました。日中、鏡に映った自分を見るたびに、声に出して読みあげたのです。ときどき小声で話しかけるように祈ったこともあります。そのうち、これを魂で暗記してしまいました。ですが初日からでも、劇的な変化を感じたと言えます。まるで祈りによって胸のなかにスペースができたかのように、ようやく息ができたのです。その後、ほかにも金銭面の変化がたくさん起こりました。

この本には、いくつかの基本的な考えが川のように流れている。神なる源、行為者主体（自分が行為の主体であるという思い）、捧げること、そしてプララブダ・カルマだ。最初からこれらになじんでおくと、全体のプロセスがずっと楽になる。

リラックスして神なる源に身をゆだねる

神なる源というのは、誰も、どこも、何も、あなたの救いにはならず、なるのは愛そのもののみである、という考えのことだ。あなたはすべてが拠って立つ宇宙の貯蔵庫を信頼しはじめる。この世の多様性という幻想の根底にある、万物の本源を感じとる。そして、しかるべき扉がしかるべきタイミングでひらき、行動は必要に応じて自然に生じるものだと知るのである。

このわかりやすい例として、いくつかエピソードを紹介させてほしい。

元夫を手放す

友人のジェーンは何年も前に受けとった離婚の慰謝料について、絶えず憤っていた。起こった事を頭のなかで再生しつづけ、夜はしばしば横になっても眠らずに、もっとうまい取り引きをひねり出さなかったことに腹を立てていた。しかしその怒りのせいで淀んだ被害者状態が延々と長引き、福［訳註　good の訳語としてこの本ではあえて「福」と訳した。招福という意味合いを入れて。善と読み替えても可］を堰きとめる炎の輪ができていたのだ。

神を自分の源として再インスールすべく豊かさの祈りを使いはじめると、やがて徐々に、彼女は状況を受け入れる気持ちになってきた。（彼女には手放すべき怒りも一トン分あったが、それについては第五週で触れる）。元夫は自分の源ではない、ということが見えてきたのだ。神は単に扶養者として部分的に彼を使っていたが、今や何でも使えるというわけだ。彼女は、神が自分に与えるべく使いたいかもしれない、そのほかあらゆる方法を妨げるのをやめた。数か月のうちに、ジェーンは――機械エンジニアである――降って湧いたように、それまで想像したこともない割のいい仕事をもらった。

私のババ

神なる源について、別の見方を紹介しよう。子どもの頃、祖母のババが月に二回うちに寄り、私をランチに連れていってくれた。祖母はポーランド系ロシア人の移民で、ここでの生活は所々ちんぷんかんぷんなことがあった。

レストラン近くの大型駐車場につくたびに、ババは自信満々でこう言ったものだ。「よし、あの緑色のいい車の横に駐めだって、覚えどかないどね。そしだら、迷わなくですむよ!!」

それなのに、ランチの後は毎回、私たちは途方に暮れて車の列をさまよっていた――なぜなら、祖母の位置確認地点が動いていたからだ。数週間後、私はとうとう新しい方式が必要だと気づいた。(「うーん、ババ、入り口から二列目だよ！」)

そう、それが神なる源を発見するということなのだ。ほとんどの人は手近にある束の間の錨に安心感を見出す。「よし、ほかでもないこの職が自分の完全な源だ。もし無くなったら、絶対に次は見つからない」とか、「このパートナーが自分の生命線だ。もし彼女に置いていかれたら、自分はボロボロになる」とか、いかにも本当らしく装う。

でも神の知性を拠り所にするとき、ついに従うべき恒星を持てるのだ。あなたはもはや、〝これ〟や〝あれ〟が答えだとは言わなくなる。何が必要かは、神が知っているのだ。あなたは、「完璧な解決策はすでに選ばれている。私はしかるべきタイミングにしかるべき方法で、それに導かれる。もし何かが終わらないといけないのなら、新しい道がやってくるし、私は喜んでその道を進む！」という考えに、根差すのである。

源の導きにまかせる

神を自分の究極の保護であり、仕事や金銭、そして必要なすべての源だと考えるなら、経済状況さえも関係なくなる。（これがどれほどの狂気に聞こえるかは承知している。でもちょっとついてきて）。あなたは自分の波動を、目下の経済的現実の乱気流より上の、万物が出づるあれの有能な手中へと高めるのだ。

すると宇宙はあなたの必要を満たすために、何でも望むままに、ときにはこちらが頭で理解できるよりずっと創意あふれる思いがけない形で、使うことができる。友人のアンディが相続財産のある人に嫉妬すると言うとき、私はよく笑って言う。「ねえ、まさかと思うだろうけど、神なる源が究極の信託基金なのよ。いろいろな意味で！」

ここに挙げるお祈りは、この気づきのなかで安らぐのに役立つ。

最愛の神よ、本当に必要なものごとは、あなたの恵み深さを通してすべてつねに満たされると、そう完全に信頼している者に私を変えてください。私を信頼させ、あなたを私のすべてにとっての源にさせてください。私に息をつかせ、リラックスさせ、あなたの導きにまかせさせてください。私は大丈夫です。平和に満ちています。必要なすべてがたっぷり満たされます。私は完全にあなたのものです。

行為者主体

やがていつかの人生で、追い求めてつかみとるということが、身体が成長して着られなくなった服のように窮屈になってくる。エゴの計画よりも大きな何かに道を導いてもらいたいと、魂がしきりに望むようになるのだ。あなたは道《タオ》に奉仕し、調和したいと思い焦がれる。

多くの場合、この切り替わりは単に極度の疲労からやってくる。私の友人は、あるときこう言った。「ねえ、私はまるで割れにくい木の実だったけど、ようやく観念しているの。これが進化なのか疲労なのかは誰にもわからないけど、私は手放しているところなの！」。この暁においては、どんな苦しみもこの切り替わりへの拍車となる、ありがたい瞬間だ。あなたはついに、壊され、ひらかれはじめたのだ……神によって。

　自分が行為の主体であるという思いを捨てるというのは、奮起奮闘してもっと強く進めるのではなく、むしろ自分が道からどけるようになることだ。あなたは直観で行動を導かれはじめ、結果にこだわらなくなる。

　この本にとりかかったとき、私は思いがけなくこの件で一ラウンド交わすことになった。以前に書いた本は小話や詩をまとめたものだったけれど、豊かさについて書くようメッセージをひっきりなしにもらいはじめたとき、正真正銘のハウツー本にならざるをえないとわかった。でも小話集では、どれだけ愛嬌があろうとハウツー本はできない。私は神によって、〝私の〟安全地帯から運び出され、はるかに、はるかに遠い、新しい領域へと連れていかれるままにするしかなかった。

　すべてを捧げきっていたのに、それでもまだ一部が行為者のまま残っていた。私は、「これは私の本」というトランス状態に陥っていて、それに伴うすべての制限もくっついてきていた。「これは私にはムリ！　私は根っからのストーリーテラーだもの」と言いつづけた。ドツボにはまり、締め切りが迫っているというのに、何も書けないまま数か月が過ぎた。

切羽つまって、私は重荷をすっかり神に投げ返した。「行為者主体の幻想から、私を自由にして！」と、自分という存在の全細胞で頼んだのだ。翌朝、目が覚めかけたとき、内なる声が聞こえた。「主《しゅ》は私の思考力。私はくじけることがありません。彼女がすべての書きものをします。私を手放し、ただ書きとりなさい」［訳註　詩篇二三篇「主は私の羊飼い。私は乏しいことがありません。」（『聖書　新改訳』新日本聖書刊行会）という一節がある］

それはまるで、「いいかげんにしなさい。あなたがどんな類のもの書きかなんて、すべて幻想です。受容的になって、私にあなたを使わせなさい！」と、愛が言ってきたかのようだった。そのとおりにするにつれ、私のちっぽけで窮屈な同一化の殻がパカッと割れ、本が羽ばたけるようになったのだ。

行為者主体を手放す重要性は、この本を書くあいだずっと現れつづけた。散歩をすることで解決策を得ることもよくあった。もの書きとして早い時期に学んだことだが、とりとめもない長い散歩に出て、必要なことを運んできてくれるよう愛に頼むと、アイディアだけでなくサインやメッセージも降ってくるのだ。こっちの広告板、あっちの意味深な落書き、何気なく聞こえてきた会話の断片。よく立ちどまって、携帯電話でメモをとったものだ。

あるとき、サンフランシスコのバレンシア通りをそぞろ歩きしていると、膨大なアイディアが一気に降り注いできた。携帯の充電が切れていたので、私はテーブルナプキンが欲しくてカフェに駆けこみ、壁にそれを押しあてて頭のおかしな女さながらに書きなぐった。家に戻って全部をタイプするまで待てなかったのだ。

それが車に向かって二マイル歩いたところで、見るとナプキンがなくなっていた。どこで落としたかを知るのは神さまのみ。子どもの頃に〝しくじった〟ときのあのパニック感が鮮明によみがえり、内側でこみあげてきた。すると、思い出したのだ。「この散歩はすべて捧げられている。しかも、本も丸ごと捧げている！　ナプキンが消えてしまっても心配はいらない。最初にアイディアを運んできたあの力は、もし必要ならまた運んでこられる」

私は車のシートに座り、息をついて祈った。すると驚くなかれ、インスピレーションがカモメの群れのようにすべて戻ってきたのだ。恐怖や絶望感、または「どれだけボケっとしてるのよ？」と小言の合唱があったなら、それを妨げていたであろうことは間違いない。その代わりに、自分が行為の主体であるという思いを放棄したらすべてが解決したのだ。

偉大なマーサ・グレアム［訳註　アメリカの舞踏家で振付師。モダンダンスの開拓者のひとりとされる］はかつて、舞踏家であり振付師であるアグネス・デ・ミルにこう言った。「生気、生命力があって……それがあなたを通して動きに変換される。今も昔もこれからも、あなたはひとりしかいないのだから、この表現は唯一無二なの。だからもしあなたがそれを妨げたら、他のどんな媒体を通してもけっして存在せず、そのまま失われてしまう。世界がそれを手にすることはない。自分の表現がいかに良いか、いかに価値があるか、ほかの表現と比較してどうかを決めるのは、あなたの知ったことじゃない。あなたの仕事は、それを明確にじかに自分のものにすること、その回路をひらいておくことよ！」（傍点はつけ加えた）

おそらくみなさんの多くが、インスピレーションがいかにリラックスした開放的な状態からやってくるか、感じたことがあるだろう。それが、行為者主体をやめるということだ。ミケランジェロさえも、自身の傑作であるダビデ像は、いらない石を削り落としたらできただけ、と言ったとされている。

ミケランジェロは神の導きに従ったのだ。

幸い、この導きは多くの分野で現れる。お金も含めて。

私の、にさようなら

捧げることがこの本の核心である。

それはどんな重荷も――願望、執着、病気、金回り、あるいは何であれ――神に返す、ということだ。なんだかんだ言って、そもそも彼女のものなのだから！　ある意味、返すというのはこう言うことだ。「これはあまりに私を虐げており、もはや私はエゴそのものの強さに頼ることはできません。どうかあなたの意志を示してください」

真に捧げるには、耐えられない十字架になりうることを要し、それを愛に返還するのだ。そうすると、一見逃れようのない行為者主体の深いもつれから、あなたは解きほぐされる。その簡単な方法は手はじめに、私のを、そのに置き換えることだ。私のお金、私の身体、私のパートナー、私の幸福、私の失敗と、考えるよう私たちは教えこまれている。覚醒すら、私の覚醒だ。西洋文化では、私の、というトランス状態が君臨している。しかしここにワナがある。つまり、もしそのすべてがあなた（エゴ）のものならば、その重荷もすべてあなたのものなのだ。

単にそのに置き換えるだけで、執着が和らぎ、捧げはじめることになる。

たとえば、こんなふうに言おう。「たった今、私はこのビジネスのことが心配です……そして、しかるべき行動がしかるべきタイミングで示されるようすべてを愛に捧げることに、ワクワクしています」

これは何にでも応用できる。サリーは自分のひどいリューマチ性関節炎をもとに、苦悶に満ちたアイデンティティをつくりあげていた。これはかなりやりがちなことだ。彼女は高まる怒りや絶望感とともに、「私の病気」、「私の制約」、「これにかかる私の費用」と言ってばかりいた。私は彼女に、ダメもとで面倒のすべてを神に捧げて、私のを外すよう提案した。

彼女はこう言いはじめた。「この病気を丸ごとあなたにお渡しします。どうか、どうか私をひらき、しかるべき行動を示してください。そしてもし現在は解決策がないなら、せめてさしあたり、私にこれを受け入れさせ、何を学ぶ必要があるのかを明確にしてください」

私のを捨てただけで、彼女はたちまちゆったりした気分になった。そして捧げ、受け入れ、解きほぐれるというプロセスは、時間をかけて、本人が想像すらしなかった治癒をもたらした。彼女は何年も前に診てもらった鍼灸師に、また診てもらうよう導かれている気がした。治療のほかハーブや食事療法も使う鍼灸師なのだが、今回はそのすべてが効いたのだ。おそらく、エゴによる問題との同一化をついに手放したからだ。症状の再発はまだあるものの、彼女はだいぶ回復している。

徹底的な受け入れ

サリーの変化の一部は受容だった。この考え方は最近ではよく知られているが、エゴに大嫌いなことを受け入れるよう頑張って説得して受容するよりも、祈りを通してその状態を招き入れるほうがずっと楽だ。これはつまり、何かを今のありのままで受け入れられるよう、祈るということなのだ。永遠にじゃない、ほんの今だけでいい。なぜなら神の世界では、ものごとは急旋回できるからである。

今ここで徹底的に受け入れることが、流れをひらくのだ。

「何であれあなたが抵抗するものは、しつこく存続する」という概念には、一定の真理がある。私の人生における最大の啓示のひとつは、あるがままの状況を徹底的にゆるせるよう祈れる、ということだった。とくに抵抗しまくってドツボにはまっているときでもだ。

「さしあたり、これを受け入れさせてください。ほんの今だけ、これを肯定させてください」と、私は言えた。受容は忍従でも無力さでもなく、次のしかるべき行動のために道をひらくことなのだ。

憤りを神に捧げる

サラは熱狂的なファンを持つ有名な画家だ。世界中の画廊で作品を展示し、長年いい暮らしをしていた。そんなとき、最愛の人、ジョエルに出会った。

典型的なめくるめく恋愛のなか、出会って三か月もしないうちに、ジョエルはサラのサンフランシスコの自宅に引っ越してきた。けれどジョエルには安定した収入源がなかった。前のパートナーにも、経済的に面倒を見てもらっていたのだ。サラは〝愛して〟はいたものの、まもなく彼女の面倒を見ていることにふつふつと怒りが湧いてきた。それどころか月日が経つにつれ、自分が金銭的お世話役を演じていることにどんどん腹が立ってきた。

それでもなお、サラは健全な境界線を設ける代わりに、ますますその恋愛関係にがっちりとしがみついた。怒り狂ってはいたものの、関係は失いたくなかったのだ。その後、いよいよ奇妙なことが起こりはじめた。

最初の一年間で、サラのアート作品の売れ行きがとまってしまった。世界中のリゾート地で教えていた滞在型ワークショップも、席が埋まらなくなった。何が起こっているのか考えても、サラには思い当たるふしがない。ところがある日、わかったのだ。ジョエルへの憤りが、どんな代価を払ってでも彼女をつなぎとめておこうという執着と相まって、豊かさの流れを堰きとめていたのだ。サラはパートナーを支えなくてすむように、流れを遮っていたというわけだ！

ようやく自分の創作やお金のこと、そしてふたりの関係を神に捧げ返したとき、サラにははっきりした。必要なのは自分のことは自分でできるパートナーで、これ以上ジョエルを抱えていられないとわかったのだ。彼女はふたりの関係を神に捧げ返し、手放した。

破局から二か月後、サラの金銭状態は元に戻った。

捧げるという行為は聖なるプロセスだ。真にゆだねられたものは、何であれたしかに神聖になる。あなたはただ面倒を神に投げつけて、「ねえ神さま、どうにかしてもらいたいんだけど。だって私には絶対ムリだから！」と、言っているのではない。「私の注文はどれくらい早く届けてもらえる？」と、もはや要求もしていない。その代わり、姿勢が和らいで、「私はここで何を学んでいるのだろう。どうすればたった今、もっと自分に優しくなれるだろう」と考えているのだ。あの耐えがたい重荷を受けて、「私はもう荷運びのラバみたいに、苦労してこの重荷を運びまわるエゴの自分ではいられません。どうか道を示してください！」と、言うのである。

そして大抵は、あなたにとって最大の強敵だった問題が、じつは自由へのカギだったとわかるのだ。

あなたはこの先つねに充分あると信頼し、結局は現在に落ちつく。次に現実化しないといけないことや、後から人生がいかに素晴らしくなるかで頭がいっぱいではない。過去の後悔や幻想の未来をじっと見つめていない。あなたはまさに現在にいて、今を受け入れ、愛に対してひらいているのである。

これはいつでも、どこでも、この血迷った世の中の真ん中にいても、交通渋滞にかかっていても、ジムででもできる。ネパールの洞穴は必要ないのだ。あなたがどこにいようとも、捧げることで、自分の属する先へと、神のひざ元へと、まっすぐ連れ戻されるのだ。あなたは言う。「私に大変な苦しみをもたらしたこの重荷が、どうかあなたへと続く道となりますように」

そして、そうなるのだ。

あるとき、世界最強のヒッチハイカーと呼ばれるエクアドル男性のインタビューを読んだ。彼が九十か国にわたって十万マイル以上を約二千回ヒッチハイクして旅したことについて、たっぷり書かれていた。

しかし私が惚れ惚れしたのは、徹底的な受容が彼の極意だったという点だ。道路脇で苛立ってじれったくなった日はかならず、とても長い時間立ち往生した。心をひらいて状況を受け入れる気分の日は、悪天候やどんな問題にもかかわらず、すぐに、ときには何秒かで車が寄ってきた。

彼はまた、この受容はヒッチハイクだけでなく、恋愛にも効くと発見した。それまでは長いこと、旅暮らしができるほど冒険的なパートナーなんてはたして見つかるのだろうかと思っていたのだ。それが探すのを諦め、独りでいることを受け入れたとき、ようやく相手が彼を見つけたのだ。以来ふたりは一緒に世界中を旅している。

捧げること、そしてお金

私たちは初日から、お金のことはすべてエゴに属すると教えられる。そのメッセージはつねに同じだ。「これは私のお金。どうしたらもっと手に入るだろう。どうして私はこんな使い方をしちゃうんだろう。お金を失うことがひっきりなしに怖いのはなぜだろう」

しかしすべてが神に捧げられるとき、焦点はこうなる。「よし、神さま、失うことへのこの恐怖をあなたにお渡しします。この不安から私を自由にしてください。第一歩を示してください。私は神なる源を知る準備ができています！」

新たな財源がやってきはじめるのは、あなたがようやくひらいているからだ。あなたはもう、「これは私の災難で、こんなことをしでかした自分を永久に罰しよう」とも、「私をこんな状況に陥れた人には、誰だろうと永遠に怒りをぶつけてやる」とも言っていない。過去を手放し、今に到着し、神を自分の源とする準備が整っているのだ。

非難や憤り、そして羞恥心を手放せば手放すほど、あなたの内なる扉はひらく。単に次の安全の幻影を追いかけるのではなく、むしろあなたはすべてとの一体感を覚えはじめるのだ。

捧げることは、ことの大小にかかわらず何にでも適用できる。あるとき友人のゲイルは、コスタリカでのとある滞在型ヨガ・ワークショップに行こうかどうか悩んでいた。料金がべらぼうに高く、そして彼女はすでに大きな借金を抱えていたのだ。行きたい。だけど無茶はしたくない。と、気持ちは毎日揺れていた。

それにしても、なんという完璧な捧げる機会だろう！　イエスかノーかのエゴの取っ組みあいに足を踏みいれるよりも、むしろワークショップを完全に神に捧げられるのだ。「わかった。私はとても行きたいけど、あなたの意志を示してください！　もし参加することになっているのなら、それを明確に示してください。でも違うなら、私を行っても行かなくても丈夫にしてください」と、彼女は言えたのだった。

捧げた後、ゲイルは行かないことについてホッと安堵の波が押し寄せるのを感じた。代わりに、地元の町で面白そうな一日ワークショップが開催されると耳にした。これは、借金がもう少し片づくまでじっとしているように、というサインだと彼女にはわかった。（ほかにも好感が持てたのは、彼女が神なる源の意味を、神さまが恵みを補塡してくれるものと決めこんでお金を使い果たすこと、と都合よく考えなかった点だ。後ほど扱うが、どのケースもそれぞれである）

あなたはこれを読んで、「あらあら、あなたはわかってないのよ。私にはアホくさいヨガ合宿なんかより、ずっと、ずっと大きな問題があるんだから」と、思っているかもしれない。しかし真実を言うと、捧げることは筋肉なのだ。小さなことで練習すると、大きなことにも役立つのである。

プララブダ・カルマ

私の好きなスピリチュアル系ライターが、ある時期に複数の病で苦しんでいた。誰かが、「彼は完全に光の人よ。同じ部屋にいるだけで元気が出るの。なのに、彼でさえこんな問題だらけになるのはなぜかしら」と、私に言った。

現実化の風潮が残した闇の遺産のひとつは、私たちはありとあらゆるありがたいものを引き寄せると、多くの人が思っていることだ。充分に自己完成さえすれば、〝悪い〟ことが一切起こらない秘密のディズニーランドへのＶＩＰ入場券を獲得すると、決めてかかっているのだ。

　そしてその後、肉体を与えられた存在として避けられない一部である試練がやってくると、彼らは自分自身を責める。あるいは困難が訪れると、誰かが過ちをしでかしたに違いないと決めてかかって、その人を厳しく非難する。なかには、「わあ、彼女こんなこと引き起こしちゃって可哀想！　だけど私はね、私は違うから！」と、冷たく言い放つ人すらいる。

　しかしそこには見落としがある。引き寄せの法則は真理だが、プララブダ・カルマの法則も同じく真理なのだ。つまり、インドの偉大な聖人、ラーマクリシュナですら咽頭ガンになった。あるいはイエスを見るといい。彼はバハマでマルガリータを飲みながら死んだわけではないのだ。重要なのは自分独自のプララブダ・カルマを、自分自身の学習過程を、いかに処理するかだ。プララブダ・カルマは、受け入れられると真の豊かさへの王道となるのだ。

百万ドルのミステリーツアー

俳優のジム・キャリーが有名になるずっと前に、一千万ドルの宇宙銀行の小切手を自分あてに書いた話を聞いたことがあるだろうか。あのおかげで、この惑星のあちこちで同様の小切手を書く人の群れが大量発生した。しかし残念なことに、巨万の金がフェデックスでさっさとやってこないのは自分がそれを妨げているからだと、多くの人が思いこむようになった。でも私の考えでは、ジム・キャリーにそれが起こったのは、単にそれが彼のプララブダ・カルマだったからだ。

本書は、「人が与えられた人生で学んでいる豊かさのレッスン一式は、みなそれぞれ違う」という、特異な前提からできている。一千万ドルを手にするのは、あなた自身の運命ではないのかもしれない。しかもひょっとすると、それはあなたの魂が最も望まないことかもしれない！　あなたはこの人生で、この先自分はつねに充分に持っていると信頼すること……そして神なる源に対して自分をひらけばひらくほど、もっと持てるということを学んでいるのかもしれない。

なかには魂の目覚めにとってあまりに根源的な問題なので、私たちはそれを解消すべく転生に転生を経て戻ってくることがある。莫大な富を得る人はある種のカルマに取り組んでいるのかもしれない――おそらく寛大な心で気前よく、感謝があって思いやりのある人でいられるかどうか見ているのだ。もしそうならなければ、未来の人生にまた別のカルマができても無理はない。引き寄せの法則とプララブダ・カルマの法則は、絶えず絡みあっているのだ。

この源を信頼するようになればなるほど、豊かさを感じるために莫大な富が必要なくなる。それでももし莫大な富がやってきたなら素晴らしいことだし、おそらく寛大に使うようになるだろう！　しかし、あなた個人のプララブダ・カルマが何であれ、裕福さを感じはじめるのだ。

これはまた、受容や思いやりを感じやすくする。私の先生は、「自分が持っていないカルマについてありがたく思いなさい。自分自身のでたっぷりなんだから！」と、言っていたものだ。

神なる源のなかで安らぐことが豊富な財産とはいかに別問題か、私はいつもひしひしと感じている。以前のクライアントで、けた外れに裕福で年がら年じゅう精神的に拷問状態だった人もいれば、毎月の給料でギリギリの生活をしているけれど、信頼心が強くめったに心配しない人もいた。彼らは恩寵を受けて生きていて、必要なすべてがきっちりスムーズにやってきていた。

ここで最後の一点。みなさんのなかには、この八週間の旅でお金が即座に増える人もいるかもしれない。突如として大金が――つまり、ずっとずっと今よりたくさん――入ってくるのだ。しかし現金はすぐに増えないものの、ほかの何かがじつに美しい形で大きくなる人もいるかもしれない。

信頼だ。

あなたは自分という存在の最も深いレベルで、おそらく人生で初めて、何らかの形で感じはじめるのだ――本当に必要なことはすべて満たされていくと。

どんなお金の問題も、ぴったりの解決策が明らかになる……そしてあなたに何かが必要ならば、それはやってくるのだ。

意図

意図というのは、パズルのなかでよく誤解されている部分だ。サンスクリット語のサンカルパという美しい言葉は、特定の目標にフォーカスする一意専心の決意を意味する。全身全霊で立てるおごそかな誓い、という見方もあるだろう。ある意味これは、〝人は何にフォーカスするか次第〟ということだ。

たしかに、サンカルパは非常に貴重な方法である。「私は今、この旅をすべて愛に捧げます。ひらく準備ができていることは、すべてひらきますように。去っていく準備ができていることは、すべて去っていきますように。私は至高のことが起こるよう心から望みます。私が豊かであれますように」

この種の意図は、神の意志が入りこむスペースをつくる。「私は二月までに百万ドル稼ぎます」や、「私のソウルメイトが三十日でやってきます」といった目標とは、とても違うのだ。ひとたびこの源を信頼しはじめると、ふとした願望ひとつひとつまで叶わないといけないと主張しなくなる。リラックスして、自分に必要なものごとは何らかの形でまかなわれると知っているのだ。

これは二百キログラム近い現実化リ゙ルを、背中から下ろすかのように感じることもある。

誤解のないように言うと、私は思考のパワーを度外視しているのではない。たとえば多くのアスリートが、イメージワークやポジティブ思考をうまく使ってパフォーマンスを向上させている。そしてもちろん、もしあなたが習慣的に日がな一日文句を言っているなら、ポジティブ思考はネガティブ思考に比べれば大きな進歩だ。この豊かさのプロセスでも、思考のパワーをいくらか使う。とはいえゆだねずして意図しても、それは妄想への近道になりかねないのだ。

私の好きなラジオ番組『ディス・アメリカン・ライフ』から、ひとつ話をしよう。あるとき、『リバーダンス』という有名な音楽舞台の出演者たちが、値が最高域につり上がっていたメガ・ミリオンズ宝くじを一束買った。イメージワークのことを知っていた出演者のひとりが、充分に強く信じればかならず勝つとみんなに断言した。「結局、それが意図のパワーなんだ。夢に描けば、やってくる！　必要なのはただ、すでに勝った気分でいることだ」

しかし週が進むにつれ、彼らはみなますますとりつかれたようになり、そのお金の使い道を綿密に計画した。抽選前の最終公演ではのぼせあがって、「ロト、ロト、ロト！」と、歌ったりもした。（困惑しきった観客としてその場に居合わせられるのもすごいことだ！）

ところがその後、冷えたシャンパンも用意して抽選に向けて集合したら、数字がひとつも合っていなかったのだ。当然ながら、彼らはショックに打ちのめされた。彼らの意図は純粋で、猛烈だった。

けれども、単純明快ではないだろうか？　彼らが勝つタイミングではなかったのだ。当選が彼らのプラブダ・カルマではなかったのだ。

自分で何を意図して創造したいのかわかってないと、神さまがこんがらがってしまう、と言う人がよくいるけれど、私は笑ってしまう。まるですべてを創造した至高のパワーが、何が必要なのかちゃんとわかってないかのようだ。

私は意図を聞かれると、よくこう答える。「あら、そうねえ、ひとつだけ。神さまが全部を引き受けて、その意志がもたらされることよ」

お金を変容させるためのお祈り

わかりました、神さま、私をひらいてください。

私は準備ができています。

この件についてのきつい重荷は、もういりません！

私は終わっています。

この聖なるプロセスから何であれ受けとることになっていることに対して、私をひらいてください。

私の人生に対するあなたの計画を邪魔する、古い思いこみや気持ちは、何であれ手放せるよう手伝ってください。神の豊かさの化身として私にどんな善ができるのか、どうかわかりますように。

巷にあるお金の本やコースの多くが、「どうすればもっと手に入る？　私はそのすべてが欲しいし、それを得るに値する！」という考えがベースになっている。

でもこれは、まるごと別の方法だ。

だから毎日の五ステップに入る前に、まさに今ここで、豊かさに対して自分をひらくプロセスすべてをストレートな祈りで祝福しよう。

私を変えてください。私をひらいてください。

私が予想外のことを受け入れられるようにしてください。

来たる週とその先も、私に差し向けられたものをすべて受けとれますように。

自分は受けとるにふさわしいということを、私にわからせてください。

冒険として、これらの新しい考え方で遊ばせてください。

そしてその後、あなたの意志に従って起こることを受け入れさせてください。

私はあなたのものです。あなたは私のものです。私たちはひとつです。すべてはうまくいっています。

では、五つのステップを始めよう！

WEEK TWO

THE 5
DIVINE STEPS

第２週

五つの神聖なステップ

あなたが部屋に入ったら、そこにいるみなの運が良くなるような、
そういう人でありなさい。

――ハーフィズ作とされる

今週は次の五つのステップから始める。残りの週もぜひ毎日続けるように。時間をかける必要はなく、すぐに弾みがつくのがわかるだろう。

ステップ1
私を変えてください・豊かさのための祈りフルバージョンを言う

このお祈りはあなたを欠乏や心配から、確実に受容の状態へと引き上げる。たとえ祈っているときに機嫌が悪くても、起こることには驚くかもしれない。

長年にわたって、このお祈りがもたらす安堵感については何千もの人からお便りがあり、ときには瞬時にホッとしたと聞く。けれど、もし最初は機械的にしているような気がしても、心配しなくていい。完全に共鳴するには少し時間がかかるのかもしれない。

おそらく一、二週間経つ頃には、このお祈りになじみ、自分の声が言葉と共振するのを感じるだろう。言葉があなたの内側で振動し、抵抗や恐怖を溶かしていく感覚があるかもしれない。それは誰にでも起こりうることなので安心してほしい。そして、祈る際にはなるべく今に集中すること。また、たとえ唱えたとたんに現金が空気ダクトから飛びこんでこないからといって、やめないように。

愛を招いて仕事をしてもらい、あなたが楽に与えかつ受けとれるようひらいてもらおう。(これは自力救済ではないので、奴隷のようにあくせく働いて自分を変える必要はない。あなたにできないことは神がおこなうのである)

先に少し触れたように、私は変えられたいと祈ることで、予想だにしない奇跡的で驚きの形で、母に寄り添うことができた。愛がやってきて、それを叶えてくれたのだ。あなたにもどんなことが起こるか、けっして見くびってはいけない。

コースが始まって以降、私はこのお祈りをコンピュータに保存しています。毎日コンピュータをひらくたびに、そこで友人が待ってくれているような気がします。けさ支払いのことでイライラしながらコンピュータの前に座り、またこのお祈りを唱えました。すると突然、私の意識が内側で爆発したのです！　私は自分の必要を満たすためにじつは神さまのお金を配っている、ということが見えたのです。この洞察に高揚してしまい、私はパートナーに話したくて上の階に駆けあがりました。内なる何かが花ひらき、とても楽な気持ちです。充分にあると感じるだけでなく、すべてにとってたっぷりあるんだと、初めて想像できています！

欠乏や憤りから、豊かな状態へと移行するにつれ、気づけば突然あなたにも似たような切り替わりが起こるかもしれない。流れがあなたを通して動いていて……そしてあなたはつねにもっと受けとれるのだ。

ステップ2
家の片づけを始める

受けとりやすくなるために重要なことは、ひとつにスペースづくりだ。つまり最も実質的かつ物理的な形で、である。これは、非常に、重要だ。ガラクタがたくさんある場合はとくに、新たなものがやってこられるように〝真空をつくって〟いく。この片づけは、じつは〝清浄〟や〝清潔〟を意味するヨーガ・スートラの用語、サウチャにつながる。これは魂と物理的空間の両方にあてはまるが、ここでは後者に応用していく。

経験的に言うと、片づけを始める最も簡単な方法は――とくに抵抗感がとてつもなくある場合――捧げることだ。お金につけても、何につけてもである。「ああ大変、これを全部片づける時間なんてどうしたらつくれる？　何をポイするの？　何をとっておくの？　いったいどう決めたらいい？」と、エゴをおののかせる必要はないのだ。

むしろしょっぱなから、持ち物すべてを愛に捧げるように。

なんだかんだ言って、どんな持ち物も神からやってきて、神へと戻っていくのだ。誰が何を死ぬ日に持っていけるというのか。

　だから、「親愛なる愛へ、私にはもう必要ない物を示してください。何が去っていく必要があるのか示してください」と、言うといいだろう。真摯に祈れば示されるものだ。

　それでも頭の声は、「どうすればわかるの？」と、抗議するかもしれない。ふむ、実践を積むにつれわかったのだが、身体と直観が導くのだ。近藤麻理恵さんという素晴らしい人は、『人生がときめく片づけの魔法』（サンマーク出版、河出書房新社）のなかで、喜びをもたらさない物を手放すよう言っており、そこは正しい。でもそのアドバイスがあってもなお、迷ったままの人もいる。だから、捧げ方を知っておくと真剣に役に立つのだ。あなたはたぶん、特定の箇所から始めるよう引かれる気がする。もしかすると、それはキッチンのとある引き出しかもしれないし、あなたの衣類かもしれない。自分を信頼するように。「この片づけのあいだ、心の声を聞けるよう助けてください！」と、祈ることもできる。

私自身の物理的空間はいつもかなりきちんと整頓されているが、コンピュータはかつて継続的に悪夢だった。ある日ついに、私は丸ごと捧げて祈った。「これを整理するのにとても抵抗があります！　私の頭がおかしくなる前に、いったいどこから始めたらいいのか示してください！」。（そう、こんなふうに懇願したのだ。愛に自分の気持ちを隠す必要はない。どのみち愛はあなたを知り尽くしている。私はときどき、苛立ってカッカしたお祈りに神さまがにっこりほほ笑む様子を想像したりする）。少ししてから、私は四年分のEメールを削除しはじめた。

愛が、あなたの聖なるスタートラインを示すだろう。

あなたはあるクローゼットに向かい、結果的に意外にも、それが自分の繁栄のカギだと気づくのかもしれない。ひょっとすると十年前そこに突っこんだ古いラブレターの差出人に、いまだ怒っているのだ。おそらくはようやくそれらを焼き、祝福し、手放すことが、あなた自身の個人的豊かさへの扉となるだろう。

私はそれが起こるのを見てきたのだ。あなたの家には象徴的な膿疱《のうほう》があって、とにかく流し出してやらないといけないかもしれない。愛に示してくれるよう頼めば、示される。もしずっしりと抵抗を感じるなら（何であれ手放すのが怖い人もいる）、「新たなもののためのスペースをつくれるよう、奇跡が起こるままにして！」と、言ってもいい。

なかには、家よりも小さな場所から始める必要がある人もいるだろう。自動車、財布、バッグから始めてもいい。もし旅先なら、スーツケースの整理でもいい。何であっても、象徴的でパワフルな始まりになりうる。ちょうど、音楽家のジョン・ケージがかつて言った有名な言葉、「どこからでも始めなさい」ということだ。

実際には多くの人が、いったんこの作業に飛びこむと、どんどん範囲が広がってやめられなくなると気づく。進めるうちに音楽を流したり、ちょっとしたプレゼントを自分にあげたりして、もっと楽しくする方法を発見することもあるだろう。

けれど最も重要なのは、このプロセスを捧げ、エゴの限られた強さで片づけようとするのをやめたときに、ほかの大きな何かが入ってくるということだ。つまり、神があなたを通して、あなたのために、行動しはじめるのだ。神聖さそのものが、スペースをつくるのである。

ステップ3
お金のことでグチるのをやめる

　ひとりでブツブツ文句を言うのか、誰かに愚痴をこぼすのか、あなたの傾向がどちらであっても、とにかくこの期間中はそれをやめること。

「あれが買えたらなぁ。だけどお金ないし。ほんと頭にくる。全然ない」と、いうようなことをもし自分が言い出したら、それに気づくこと。試しにとにかく今は、そういうのを一切やめるように。

　この考えをある友人に話したとき、けんか腰で、「あら、私は自分を検閲するような真似しないわ。正直でいたいもの」と言われた。

「でもね、検閲じゃないわ」と、私はクスクス笑って言った。「新しくてもっと豊かな生活のために、スペースをとっている最中なのよ。しょっちゅう自分に毒を盛るようなことをしてたら、それが難しくなってしまう」

「私はいつも金欠」や、「私はいつもカツカツ」といった声明を絶えず出していると、それによって人生がどれほど大きな影響を受けるか、あなたはわかっていないかもしれない。

その言葉自体が暗く、重い。金欠。カツカツ。これは、引き寄せの法則における真理の部分だ。サンスクリット語で、マトリカ・シャクティと呼ばれ、言葉の魔法的な引き寄せパワーを意味する。

だからこのコース中は、欠乏を表す言葉からひと休みするように。たとえあなたが、絶対そうなんだ、となお信じていたとしてもである。これは大型ハンマーでのメンタル叩きを停止したかのように感じることがある。いかに耳をつんざくばかりの衝撃を与えられていたか、ひと休みしてようやく気づくのだ。

ところで、私は現実を否定しろと言っているのではない。現時点において、金銭的余裕がなくてあなたに買えないものがあっても無理はない。それでもなお、さしあたり、ムリと主張するのをやめるのだ。ついそう言いたくなったらかならず、「私に必要なものごとは、何であれつねにやってくる」とか言おう。

たとえば、あなたはあるコースについて聞き、それを受けたいとする。一度は「ああ、受けるべきじゃない。そんなお金の余裕はないから」と言ったとしても、至高の結果を求めて、さしあたりそれを神に渡すのだ。そしてこう言う。「私の金銭面のことはすべて愛に捧げられていて、そして奇跡的に、私に必要なものごとはつねにやってきます。神はあらゆることで私の源です」

さて、もうひとつ。このプロセスのあいだ、「増えたかな？　効いてるかな？」などと考えながら、一秒おきに銀行口座の残高をチェックしたりしないこと。当面は、とにかく捧げる、捧げる、捧げる。あなたは源を真剣に呼び起こしている最中なのだ。ただそれに集中するように。そのほかのことは、神に属する。

流れは必要とされるものごとを絶えず運んでくるということが、あなたにもわかる。たとえ今はまだ、その起こり方が見当もつかないとしてもだ。あなたが知る必要があるときに、知るのである。

あるときジェームズという名前の男性が、私のフェイスブック・ページに書きこみをした。私が無料でたくさん投稿することに感激していて、なぜかというと、自分は金欠だからというだけではなく、堂々たるケチでもあるからだという。

これには返事をしないでいられなかった。「親愛なるジェームズ、私の投稿を気に入ってくれて嬉しいです。ですが自分は金欠でケチだと主張しつづけたら、昼の後に夜がやってくるように、欠乏やすぼみゆく状態を引き寄せることになります。ですから、あなたはここで一銭も使わないことを誇っていますが、正直なところ、それは誇るようなことではありません」

なぜか。私が子どもの頃、母がいつも面白いことを言っていた――「シュノーラにならないで」。これはイディッシュ語で、もらいたがってばかりでけっして与えない人のことだ。シュノーラは豊かさの輪の外に生きていて、充分につかみとればきっと安心できると思っている。けっしてそれはうまくいかないのに。

しかしパイプになることを習得するのは難しくない。そうなれば、宇宙はあなた自身が必要なものごとを運んでこられるし、それに、あなたに与えさせてもくれる。すると、あなたはこれまで助けてくれた人たちを支援したくてしかたなくなる。お返しをすることで、流れに入るのだ。

さらについでなので言っておくと、金欠とケチは、じつは別の問題だ。金欠は、〝一時的に金銭的試練にある〟と言えば修正できる。それは恥じることではない。誰にだって起こることだ！

けれども、ケチは別の話だ。これは、「私は絶対に豊かさのパイプになりません。お金は使いません。与えません」と言っているようなものだ。

あなたは与えるために、神に自分を使ってもらいたいと思わないといけないのだ。流れの一部でありたいと、金銭的にだけでなく、すべてにおいてそうありたいと思わないといけないのだ。

『とんでもなく全開になれば、すべてはうまくいく』から次を引用する。


さあ、何かをいくらかあげてしまいなさい。

友人に食事をごちそうしなさい。

何であれ裕福だと感じることをしなさい。

今の状態が一見どうであれ、関係ありません。

そして絶対に、自分のことを金欠だと言わないように。

恐れや疑い、そして収縮の波動に留まっていたら、それを確実に引き寄せつづけることになります。

充分に持っていないと主張しつづけたら、世間は本気でそれに同意するでしょう。

けれど、何かが必要だと思うなら、
すでに持っているつもりでいなさい。

そうすれば何かしらの方法で、
それはやってきます。

ステップ４
感謝を言葉にする

起こってほしいことにじっとこだわるよりむしろ、ありがたいことを毎日ひとつ見つけること。きっとみなさんの多くがこの考えを試したことがあるとは思うが、ほかのステップと併用すると、とくに効果的なのだ。

長いリストをつくる必要はなく、感謝について二十時間かけて書かなくてもいい。嬉しくもないことについて、嬉しいふりをしなくてもいい。正直でいいのだ。ホットコーヒーや、古くて履き心地のいいスリッパでもよく、毎日ひとつだけでいい。その内容は日によって違うかもしれない。感謝の気持ちが自分に染み渡るままにしよう。この積み重ねにより脳に変化が起こり、脳の神経伝達物質の「ありがとう」と言う分が活性化し、文句を言う分が減るのである。

ステップ5
「私は楽に受けとれます」と言う

毎日。

「ああ、もう、私にとっては受けとることがこの世で一番難しいのに！　人に何かをもらったり自分にお金を使ったりすると、ものすごく罪悪感を覚えてしまう」と、思う人もいるかもしれない。

もしあなたがそれにあてはまるなら、まずはこう言ってはどうだろう。「驚くことに、ともかくも、愛そのものによる奇跡的な介入により、私は突如として楽に受けとれます」

試しに、抵抗を捨ててみること。自分にとって必要な言い方をしよう。遊び心を出してもいい。

神は日々ますます私をひらいて、受けとれるようにします。
よりによってこの私が、ついに全開で受けとるなんて、なんという奇跡！

これはいったいどういうこと？　私が突如としてひらいている！
私は準備ができています。受けとることが日々どんどん楽になります。
この拡大的な万物の源と、私はひとつです。
私に必要なすべてがつねにやってきて、そして私はありがたく受けとります。
受けとることに、めちゃくちゃワクワクしています。

私たちがフォーカスしているのは、楽《らく》、受容、ひらいた状態であり――ストレス、奮闘、嫉妬の逆である。

私たちのほとんどが、絶え間ない競争からなるこの狂った社会パラダイムを生きるよう洗脳されていて、ほんのちっぽけな富のかけらのためにさえ、競い合わせられる。その土台となっているのが、完全な欠乏思考だ。しかしひとたび源に戻れば、誰が何を持っているかは、正直なところどうでもよくなる。そして誰もあなたの福を奪いとることはできない。

今日職場で、上司に何をしているのかと聞かれました。私は彼女に、「いったいどうしたら高齢の父を冒険旅行に連れていけるか調べてるんです」と、本当のことを言いました。すると驚いたことに、彼女は自分の部屋に入っていき、封筒を手に戻ってきました。

そして自らすすんで、その全額分をくれたのです！　私は大きな声で言いました。

「まさか、受けとれません！」

でも彼女は、「あなたにあげたいの。だから受けとってちょうだい。だけど使い道はほかのことではなく、その冒険旅行だけよ」と言って譲らないのです。私たちは笑ってハグをしました。

とても受けとりにくかった！　後から後悔するだろうか、下心があるのだろうか、そう考えました。すると友人から、「この贈りものは、あなたが今後しないといけないことに対してじゃなくて、すでにしたことに対してもらったのよ」と、言われました。

私がただ「ありがとう」と言うことを知ったのは、そのときです。まだびっくりしています。

笑いながら考えているのですが、私はこのために、すっかり頭のおかしい人みたいになって自宅を一か月かけて片づけて、スペースをつくったのでしょうか。きっとそうですね！

聖霊の寛大さや贈りものに対して自分をひらくのに、多くの人が抵抗を感じる。しかもたまに何かをもらうと本当に、これは紐つきだろうか、と直観的に察知しないといけない。こう祈ればいいのだ。「もし何かの理由で、私がこれをもらうことになっていないなら、もしワナがあるなら、どうかそう示してください！　サインを送って、私をとめてください」

（これは神によるダブルチェックが必要なときにいつでも使える、じつはすごいお祈りである）

もしとめられないなら、たぶん神があなたに与えるためにその人を使っているのだ。わかっていると思うが、彼女は誰だって使えるのだから。私は、相手を釣るためにエサを与えるサイキック吸血鬼《バンパイヤ》を無視しているのではない。しかしそれも捧げてしまえば、示される――まとわりつくような嫌な感じがしたら、そのときはノーと言えばいいのだ。でも隠された意図もなく〝クリーン〟な感じがするなら、あなたは神の恵みを受けとるチャンスをまた手にしているということだ。片づけは――ほかのステップの実践とも相まって――たしかに道をひらく助けになる！

「私は楽に受けとれます」と、とにかく心に銘じておくように。
あなたは、変わる。

旅を始めるための瞑想

私の発見では、愛は直観を通して、とりわけ身体を通して、本当にコミュニケーションをしてくる。そして瞑想やお祈りを通して、歓迎されていると感じるのだ。

しっかり瞑想に入れるように、誰かにこれを声に出して読んでもらうか、または自分の声で録音して再生しよう。（さらに、私の声の録音が欲しい場合は、本書の最後にある〝参考資料〟を参照のこと）

自分の呼吸に意識を向け、身体が地球の内部へと沈んでいくのを感じましょう。身体はずっしりと感じられ、リラックスしています。

あなたの金銭状態、あなたのお金を、どのようにでも思い浮かべてください。たとえ自分にはほとんどお金がないかのように思えても、イメージしてみましょう。

心の目で、あなたの金銭状態をはっきり象徴する絵を見てみてください。

ここで想像しましょう。あなたはこの象徴的な絵を、愛そのものに渡します。どんなふうにでも、その様子を思い浮かべてみましょう。

今あなたはこの重荷を神に捧げながら、「私を準備万端にしてください」と言っています。それを感じましょう。

私は示される準備ができています。

それに対してひらく準備ができていて、あなたのものにする準備ができています。

古い制約や制限、限界、そして負担に去ってもらう準備ができています。

私に取って代わり、私のエゴには絶対できなかったことを始めてください。

私に取って代わり、これを変化させはじめてください！

私を上昇させ、変容させてください。

あなたが金銭面の重荷をすべて、あの愛の力へ捧げているのをイメージしましょう。

言葉が見えるかもしれませんし、何か聞こえるかもしれません。ただ感じるのかもしれません。あなたがお金について拷問のように感じていたことは何であれ、ついに神に捧げられると知ってください。なんとホッとすることでしょう。

あなたはようやく本当に重荷を捧げています。そして、今日からはしかるべき行動が示されるよう頼んでいます。そのしかるべき行動は、一歩ずつ、内側から、すべてしかるべきタイミングで、示されていきます。

そして、準備ができたらゆっくりと戻ってきてください。起こったことを書き留めておきましょう。ほんの小さなメッセージでも、後になって重要だとわかるかもしれません。

自分に正直でいい

この期間中、以上のステップをきちんとやれば、ある種の恐怖――私自身が子どもの頃に毎日味わった恐怖――は減っていく。本プロセスの終了までに完全には消えないかもしれないが、おそらくはあなたが予想するよりも早く、小さくなっていくだろう。

ここまで読んだだけで、恐怖が軽くなっているかもしれない。それどころか、本書のタイトルを読んだだけで、何かが切り替わるのを感じたかもしれない。

ある日オークランド・カフェで仕事をしていると、隣にいた男が私のコンピュータ画面に出ていた本書のカバー案を見た。彼はタイトルを見るなり、「おいおい、冗談だろ。俺、それ必要だ！　金が俺の最大の重荷なんだ」と、大きな声で言った。

私のというお荷物を投げ捨てるとき、あなたは世界最大の重みを肩からおろすことになるのだ。

さて、最後にひとつ。このステップすべてについて、ハッピーなふりをする必要はない。本書の後のほうで、怒りや羞恥心、悲しみ、そして恐怖など、感じなくてはならない感情についても扱う。後で出てくるので、心配しないように。そういった感情を解放するために、必要なら物を壊したり、粉々にしたり、焼いたりして、感情を処理していく。感じることが決定的に重要な場合もあるのだ……手放す前に。

でもさしあたり、もしあなたに金銭問題について怒りや羞恥心があるならとくに、感情をそのままにしておくこと。今日という日は、あなたが自分の金銭事情をきっぱりと、神に渡しはじめた日なのだ。

この決定的な時点においては、あなたはただひとつのことを準備している。つまり、豊かさの運搬車になるための準備である。このステップを続けるにつれ、シンクロニシティが増えるのに気づいてくる。惜しみなく与え臆せず受けとるために、そして導かれたら他者を助けるために、あなたはしかるべきタイミングでしかるべき場所にいるようになる。たいして考えなくても、すべてが自然発生的に起こりだす。

あなたは恩恵に満ちた、拡大的な現実に移行していく。そこでは、自分は愛に導かれる無限の存在であり、神なる源のための運搬車であると覚えているのだ。
あなたが誰であろうとも。

WEEK THREE

DEEPENING

第3週

深める

あなたがホースの上に立っていたら、
バラに水をやることはできない。

——ジル・ウォルク

第二週を終えた今、あなたはどのように感じているだろうか。たとえば失くし物が戻ってきた、または貸していたお金が急に返ってきたなど、恩恵を受けとっているだろうか。それとも、明らかな安堵感が主な変化だろうか。もしかすると昔の感情が浮上してきて、悲しくなったりノスタルジーに耽ったりしているだろうか。そういうことも起こりうる。あなたの状態がどうであれ、あるがままにしておこう。そしてとにかく続けること。これからもっと明らかになってくるのだから！

第三週では、五つのステップをさらに深めていく。そして言っておくけれど、ここはこのプロセスのなかでも、とても美味しい部分なのだ。これらのツールは最初こそ集中して使わないといけないが、積み重ねるにつれ、ツールのほうがあなたを使いはじめる。ツールがひとりでに生命を得るのだ。

ときどき思うに、豊かになるというのは、神が流れるホースの詰まりをとり除くということだ。お金のようなテーマの周辺では簡単に絡まって詰まりまくるが、神はどうすればあなたをひらけるかを的確に知っている。豊かさのパイプとして使われるには、往々にして多くのものごとがとり除かれなければならない。自分はふさわしくないという思いや、敵意、恐れ、または怒りがその詰まりかもしれない。あるいは、自信喪失やネガティブな気持ちしかもたらさない人への執着。そのすべてにこれから取り組んでいく。

あなたがコツコツ取り組みつづければ、やがてホースはひらきはじめ、こちらに来るのを待ち構えていた水が、たしかに流れてくる。思いきり。そこからがお楽しみの本当の始まりだ。

フル参加する

このコースを教えているとき、多くの人がまるで暑い日の川に飛びこむように、このプロセスに思いきり参加したが、より受け身で傍観者的な人もいた。それは構わないが、これは本当に参加型のプログラムとして意図されている。川べりで日光浴をしながら話を聞いていただけの人たちには、起こったことはずっと少なかった。深く持続的な変化が欲しい人は、しっかり身を投じてこの方法を使わないといけなかったのだ。

だからぜひあなたもフルに参加し、各ステップに運ばれるがままに進むようおすすめする。だって、本当に、どうしてそうしないの？　人によっては、この本をいったん最後まで読んで、それから最初に戻って全ステップをする必要があるかもしれないし、それもいい。

けれど考えてみてほしい。もしあなたがここに引かれてきたのなら、たぶん何らかの形で、お金によるそれ相応の悲しみや苦しみがもたらされてきたのだ。おそらくあなたの隠れた部分はずっと、この大昔からの重荷への新たな解決策を切望している。

だから、やって失うものはある？

老成した魂の豊かさ

私たちがともに取り組むこの期間中、神の計画——愛そのものがわざわざあなたのために選んだであろうもの——を招くことに対して、心をひらいておくように。また、もっと、いい、手に入れて、もっと所有して、もっと何かになってといった、この世を覆い尽くすニューエイジ系の雑草に関連する一切を、読むのをやめること。さしあたり、とにかくやめるのだ。

なぜならもしあなたがお金をもっと手に入れようと頑張りに頑張った挙句、うまくいかないとわかったなら、あなたは〝敗北者〟では全然ない、と知ってほしいからだ。むしろ単に、あなたは老成した魂なのかもしれない。だとするなら、あなたは愛の意図に同調すべく、道《タオ》を進むべく、そしてエゴを超越した何かに奉仕すべく生まれたのだから、豊かさを追い求めても不毛で疲れることになる可能性がある。

　要求したり追求したりすることから、捧げ、自分をひらくことへと切り替わるにつれ、あなたは空洞になり、受けとれるようになるので、豊かさがあなたを通して流れはじめる。（〝空洞化《ホロウ》〟と〝神聖化《ハロウ》〟のつながりには、よく感じ入ってしまう。おそらくひらかれて空っぽにされるというまさにその作用が、あなたを神聖にするのだろう）

　そのうえ、もしあなたが老成した魂なら、「わあ、私ってとてもパワフル、何でも現実化できる！」と思って得るものは何もない。愛そのものが、「ふざけているの？　あなたがここにいるのは、自らを開け放ち、流れを妨げるのをやめられるようになるためです」と、応じてくるかもしれない。

　それどころか、あなたのエゴが何でも現実化するのを、神が妨げているのかもしれない！　私の場合は確実にそうだった。

　そして、ここからウズベキスタンまで並べられるくらい多くのコーチが、あなたにはもっとコーチングが必要だと言うかもしれないが、たぶんそれは見当違いだろう。多くの老成した魂は弱くもなければ間違ってもおらず、何も妨げていない。たぶんあの聖なる彼女自身が、あなたから恐怖や執着をとり除いて空《から》にし、彼女の輝かしい計画を受けとれるようあなたの準備を整えているのだ。

手放すことは、神が用いる空洞化プロセスにおいて重要部分のことがある。きつく握り締めるのをやめた手は、大抵はリラックスしてひらき、あなたの想像を超えるほど受けとれるようになるのだ。

別の言い方をすると、あなたがほったらかされていると思ってばかりいるあいだに、じつは神は、彼女自身の聖なるプロジェクト、つまりあなたの解放に、どっぷり浸かっているのかもしれないのだ。ことによると幾千回もの転生を経た今！

ところで誤解しないでほしいのだけど、この捧げる道は、単なるお日さまとペロペロキャンディのルートではない。ゆだねられるようになるには、ときに死ぬんじゃないかと感じるほどしんどいことがある。エゴにとっては最もつらいであろうこと――宇宙を丸ごとコントロールしようとするのをやめる方法――を学んでいるのだから。

とはいえ少しずつ、それは起こる。そして神の計画が芽吹き、何年も不毛だった土地が草木の青々と茂る元気な庭になるにつれ、あなたはたぶん思うだろう。「こんなの想像もできなかったけれど、とてもしっくりくる。まるですべてが私を準備させてきたかのよう……まさに今のために」と。

これが展開していくにつれ、あなたはもう古いやり方で無理をしたり、自分を恥じたりしなくなる。そしていっそうゆったりとし、落ち着きが出て、ひらいてくる。あなたは流れそのものとともに動きはじめるのだ。〝現実化しそこなう〟のも、じつはずっと神の計画だったのかもしれない――あなたを待ち構える神の腕のなかへと、思いきってきっぱり飛びこませるための完璧な道筋として。

願望から好みへ

さて、願望はいかに好みへと変化するのか。すべての願望が捧げればすぐ消滅するというわけではない。(そういうのもあるが)。そしてそもそも、願望があるからといってけっして自分を責めてはいけない。願望は人間であることの一部なのだから！　願望それ自体は、今もこれまでもまったく問題ではない。問題は、執着だ。これから一緒におこなうエクササイズを通して、願望はあなたを囚人として縛りつけなくなる。

こう言ってもいい。「親愛なる神さま、私はこの猛烈な願望をあなたにさしあげます。あなたの意志を受け入れられるよう、私をひらいてください。私を自分の執念や執着から解放してください。あなたの計画で私を驚かせ、楽しませてください。あなたは何が必要かを知っていて、私はそれを受けとります！」

やがて、ひとつの崇高な願望が、ほかのありとあらゆる願望より優位に立つ。あらゆる代償を払ってでも、道《タオ》を、神の流れを進みたいという願望だ。

ステップ1：豊かさの祈りに立ち戻る

何の力が私を通してこのお祈りをもたらしたのか、それはわからない。でもこれが効くということは、紫色のペディキュアをしたつま先の底からたしかにわかる。

もしまだあなたが自分の声で録音していないなら、ぜひしてほしい。「私は自分の声が大嫌い！」と、あなたは言うかもしれない。でもとにかく試してみよう。神があなたを通して話していると想像してはどうだろうか。

あなた自身の声で聞くと、繁栄は外側にある追い求めるべき何か、という幻想が消えることもある。まるで自分がこのお祈りための聖なるパイプであるかのように、しっかり集中して読みあげるといい。

このお祈りをあなたという存在のなかに入ってくるままにし、制約や制限についての古い考えは何であれ手放し、拡大的な輝かしい光としてのあなたの本質に戻っていこう。このお祈りには今でも泣けてしまうが、それはたぶんもがき苦しむ孤独な子どもだった私自身の思考とは逆の内容だからだ。だから人から、自分の子どもはすでにこのお祈りを知っている、と言われると嬉しくなる。

ステップ２：空間を片づける

豊かさを受けとるための内なるパイプの構築は、非常に重要である。何であれ必要な方法であなたを変え、準備させる許可を、愛に与えるように。受容性と招くことを通して、あなたは自分の脳と身体に、福を通すパイプとなることを教えているのだ。

今頃はすでに、あなたは外側の物理的空間の片づけにも励んでいるはずだ。本ステップの別名は、「それも、あなたのモノじゃありません」でもいい。

片づけという一見ありきたりの行為さえも、ひとたび捧げると神聖な作業になる。あなたの家が今どれほどガラクタだらけだろうが、愛のための神殿を一日一日建てているところなのだ。この神の公邸のための空間は、いらない物、使わない物、たいして好きでもない物を手放すことでできるのである。

何をとっておくか、あるいは手放すかで、ストレスを感じる必要はない。試しにこんな方法はどうだろう。空に向けて両手をひらき、巨大な重荷を献上している様子を感じてみるのだ。

そしてこう言おう。「お金の問題ひとつひとつへの答えはまだいりません。私は道の途中にいます。たった今必要なのは、何を手放すかを示されることだけです」

エゴは言うかもしれない。「ああ、ありすぎなんだ！　十四年分のガラクタが溜まってるんだから。いったいどうすればこれ全部を解決できるっていうんだ」と。しかしここに別の方法がある。すべての所有物を神に捧げるのだ。あなたが所有するすべてを思い浮かべ、それから愛に言おう。「これは全部あなたの物です。ですから、どうか示してください」

スパンダ：内なる引き

あなたの直観は、この片づけをしきりに手伝いたがっている。そしてあなたがすべての行動を捧げつづけるうちに、勘が研ぎ澄まされてくる。たとえば、「あら、十年間クローゼットの邪魔物だったこのゴルフクラブ、グッドウィル［訳註　非営利のリサイクルショップ」行きでいいわ。ようやく誰かに使ってもらえると思うと嬉しい！」といった具体的なことも、なんとなくわかりだすかもしれない。

かならずしも内なる声の語りが聞こえるわけではないにしろ、あなたがひらいていて、あれこれ考えなければ、ただわかってくる。おそらく最初はためらいながら、けれどそのうちだんだんと自信を持って。あなたは自分自身を信頼するようになるのだ。

先述のとおり、直観は体内で自然に生じる引きを介してやってくることが多い。それがスパンダ、つまり内なる弾みだ。これは私たちそれぞれに流れ渡る神聖なエネルギーである、シャクティの純粋な衝動なのだ。この上なく賢く、自由で、大方の人の考え方に執拗にはびこる、べき、には無関心だ。あなたは自分の空間を片づけながら所々で引かれ、次第にそのスパンダのグイっという引きに、従うようになる。もしかすると最初は薬戸棚に、その後はキッチンに呼ばれるかもしれない。とにかくわかるだろう。

因縁のトルコ絨毯

多くの人が、好きでもない物や使っていない物を手放すのに苦労しているが、それはお金を無駄遣いしたと思いたくないからだ。けれどパイプになるということはひとつに、もう必要ない物をほかの誰かが享受できるよう譲ることなのだ。あなたが神なる源に対してひらくにつれ、無駄遣い、というまさにその考えさえも変わりはじめる。

自然は真空を嫌う、という考えをきっとあなたも聞いたことがあるだろう。あなたが不要な物を捨てるとき、それは代わりにやってきたがっている物のために、スペースをつくっているというだけのことだ。

『とんでもなく全開になれば、すべてはうまくいく』のなかで、立派なトルコ絨毯を自分の寝室に敷いていた女性について書いた。豪華で高価な品だったものの、彼女はそれを離婚で手にしたので大嫌いだった。それどころか絨毯を見るたびに、気づけば元夫への新たなる嫌悪感であふれかえっていた。ベッドの真横に敷いてあったので、避けにくかったのだ。

源のことを理解するようになった彼女は、とうとうそのいまいましい品を売ると決意した。心のなかで、絨毯から自由になることを強く望み、ほかの誰かが絨毯を享受してくれることを真摯に願った。そして絨毯を売ってちょっとした額を手にし、そのお金を使って張りきってマウイ島へひと月近く旅に出た。そこで何年かぶりにようやく、自分は幸福に値するんだと、心から感じはじめたのだ。

本人いわく、きっと怨恨の絨毯を心から手放したから、人生のほかのあらゆる面が変化したんだと思う、ということだった。

一歩一歩、小さく進む

いらないすべてを――一九九二年以降に着ていない衣服を含め――手放す許可を、自分自身に与えるように。シンプルなことだ。それらを捨てれば、自分にとってもはや役に立たなくなった古い物語を消し去ることができる。それどころかたった一時間の片づけでも、流れをひらく助けになる。

とにかく始めること。もしかすると、あなたはとある引き出しに引かれつづけているかもしれない。そこに行って引き出しを捧げ、片づけ箇所をなんとなく次から次へと移動するにつれ、一本の黄金の糸がほどけるように道が明かされていくだろう。片づけをするととてもホッとするので、多くの人がいったん始めるとやめられなくなる。

「ああ、親愛なる主《しゅ》よ、新たな人生がやってくるように、私をこのガラクタというガラクタから掘り起こしてください！」

ライターのデイビッドは、膨大な本のコレクションを刈りこむのをひどく嫌がっていた――とはいえ、そうするしかないことはわかっていた。しかしこの作業を捧げたとたん、手に負える小さな塊から片づけはじめたのだ。タイマーも一時間セットして、手放すためのお祈りも書いた。

寝室に高く積みあがって何年も窓をふさいでいた九つの箱を、彼は鋤きこんでいった。そして半分以上を捨てたのだ。ようやく初めて自分自身の部屋からの景色が見えたなんて、なんと象徴的だろう！

もし抵抗を感じるなら、彼がしたようにしよう――タイマーをセットして、えいっと飛びこむのだ。たとえば、「この一時間、とにかく私に取って代わってください。どうか私の準備を整え、何をすべきか示してください！」と、言ってもいいだろう。本当にやる気が起こらないときは、「さあ、神さま、これをやっつけるために私を使って」と、言うこともある。経験的に言って、これは効く！

または……助けを招き入れる

私はよく、こう祈ってきた。「わかった、神さま、この見たところムリっぽい仕事をもし私にやってほしいなら、それができる人に私を変えてちょうだい……または、どうかど うか、ぴったりの助けを運んできてください！」

人によっては、この片づけをするのに、誰かを雇って手伝ってもらわないといけないことがある。だけど聞いて。それは恥ずかしいことじゃない。ほかの人には、衣服をチェックしてくれて、「信じられない、この格子縞のキュロット、流行遅れもいいとこよ！」と、言ってくれる信頼できる友人がいるのだ。

実際には、あなたは誰が助けてくれるかは知らなくてもいい。なぜなら神自身が知っているからだ。助けが必要なら、あちらからやってくるか、しかるべき行動があなたに示される。捧げ、受け入れ姿勢でいるように。

「しかるべき助けはすでに選ばれていて、私は楽々とありがたくそれに導かれます」と言えば、フローレンス・スコヴェル・シンが書いた、神の選択の法則を呼び起こすこともできる。

ひとたびこの法則を呼び起こす習慣が身についてくると、ぴったりのルートがすでに存在すると信頼するようになる。あなたはアパリグラハ（非所有）の聖なる盃から、ひと口ずつ飲むようになるのだ。

私はそれを簿記係から歯医者、ヨガの先生、仕事、アパート、そしてこれまで飼った可愛い猫たちに至るまで、何かを探すときはつねに使ってきた。本当に何にでも効果があるし、それにもしあなたが、必要としているものが絶対に見つからないと言い張るネガティブな人たちに囲まれているなら、とくに役に立つ。けれども〝完璧な〟解決策はすでに選ばれていて、あなたはしかるべきタイミングと方法でそこに導かれるのだ。迷いがあるときは、いつでもくり返し言うように。

ロルナはコンピュータが盗まれて買い替える資金もなかったとき、こう祈りはじめた。

「わかりました、神さま、コンピュータはあなたの物です。去っていくことになっているのなら、私がそれを受け入れられるよう助けてください。そうじゃないなら、完璧な解決策はすでに選ばれていて、そして私は導かれます」

翌日、職場で誰かが、「あのさ、うちのクローゼットにこのラップトップがもう一台あって、埃をかぶってるんだ。もしかして欲しい？」と言った。

二十四時間で、問題解決だ。

もしあなたが独り暮らしでないなら

パシュマはコース中、誰かと同居中はどう片づけと掃除をしたらいいのだろうかと考えた。

三十年来のファイル棚を浄化し、いらない衣服や靴を捨てて大喜びし、たちまちある種の広々した感じを覚えたものの、夫のガラクタは全部そのままだったのだ。なんという試練だろう！

このようなジレンマも捧げると、愛はよく道なき所に道をつくることができる。

もしあなたが同じ状況なら、今のところは自分の物でとにかくこらえよう。同居人を説教したりせっついたりしてはいけない。とり散らかった状態を引き続き丸ごと捧げながら、あなた自身の分の片づけに集中するのだ。

じつに多くの場合、同居人は知らず知らずのうちに片づけ虫にとりつかれる。グレンダはひどい収集癖のある人と結婚していた。それが数週間かけて自分の分の片づけをしたところ、ある日、何の前触れもなく、妻のジェイドが急にトラックを借りてきたのだ。あっさりと。ジェイドは何も言わず、ぎゅうぎゅうだったガレージから大半の物を持ってグッドウィルに直行した。

まあそういうことだ。

グレンダは自分の片づけによって、ジェイドがスピリチュアルなレベルで深く揺さぶられているのを感じた。抗いようのない力場《りきば》をつくっていたというわけだ。けれどけっしてジェイドを強いたわけではない。それはただ起こったのだ。

それにいつだって、こんな便利なお祈りがある。「わかった、神さま、私にはこの人と暮らすという狂気のカルマがあるので、どうぞ後を引き受けてください。私の分は私にやらせて、残りは奇跡が起こるようあなたに渡させてください！」

霊的な浄化

ひとたび家からゴミや物理的なガラクタが片づくと、そのエネルギーの浄化を促すために、お香やハーブを焚きたくなるかもしれない。私はお清めに全部の窓をあけてから、第一ラウンドとして樟脳《カンファー》か、またはそれに乳香《フランキンセンス》やミルラを混ぜて焚くのが好きだ。その後、ときどき第二ラウンドとしてパロサントを焚く。これはペルーの香木で、手に入りやすい。さらに清める場合は、ドアの敷居にバラ水を、そして窓台に海塩をふりかけるのもいい。あるいは何であれあなた自身の直観が導くことでいいのだ。

家を片づけ、心をクリアに

片づけについて、もう一点。この作業は長いあいだ埋もれていた幼少期の恐れや記憶を浮上させることがある。はっきり言うと、それが目的の一部なのだ。だからあなたも、気づけばどういうわけか泣いていたり、遠い昔の出来事を思い起こしていたりするかもしれない。

異物であるクズを家からとり除くにつれ、おそらく心身からエネルギーの詰まりが解放されていく。すべては一体なのだ。そしてだからこそ、空間を浄化するととても爽快に感じられるのだ。人によっては感じないために、物と一緒に自分自身を文字どおり埋葬してしまっている。だからこの過程では、そもそも感情面のことがらが浮上することになっているのだ。起こるままにしておくように。

ステップ３：頭のなかをポジティブで満たす

願わくば、あなたはそろそろもう、「この状態は絶対に変わりっこない」、「私は絶対に充分に手にできない」、「私はいつも金欠」とか、あるいは――最も世にはびこる妄想――「どうしてみんな欲しいものを手に入れるのに、私だけそうじゃないの？」とは、言わなくなっているだろう。

これから残りの週は、あなたの素晴らしい精神を、欠乏や不足についての不満から守るように。とにかく今は、文句を捨てるのだ。

もし無益な思い癖へと後退している自分に気づいても、心配はいらない。あなたは、「ああ、私はまた古い物語に後戻りしている」と思うかもしれないが、よくあることなのだ。

代わりにこう言いかえよう。「奇跡的に、驚くべきことに、私に必要なすべてがつねにやってきます。私が想像以上に受けとれるように、神さまが私をひらいていています」

自動車事故

このコースを教えはじめたとき、赤信号で車を思いきり追突されて、そのまま当て逃げされた。私のプリウスは全損だったものの、どういうわけか私自身は大丈夫だった。そしてひどく震えながらも、なぜこんな〝悲〟運を現実化したのかと考えて、時間を無駄にするようなことはもちろんなかった。代わりに、潰れた車のなかで呼吸もままならない状態で座っていたとはいえ、すぐさまこの件を丸ごと神に捧げたのだ。

保険会社に電話をかけると、代理人のゲリーに、車と一緒にその場に留まりたいか、それとも家に帰りたいかと聞かれたものの、頭がまともにまわらない。私は冗談半分で、助手席の物入れに入っているミニタロットカードに相談する、と言った。

想像してほしい、ゲリーが興奮してこう応じたときの私の驚きを。「わあ……タロット！　ねえ、私もタロットするんです！　どのデックを使ってるんですか。クロウリー？　それで〈運命の輪〉が出たのね？　そうね、よし、じゃあ私たちにはわかりますね。この件、ちゃんとうまくおさまるってこと」

幻覚を見ているようだった。だって、オールステート保険会社に秘密のタロット占い師がいるなんて、誰が知ってる？　こんなことを仕込める人なんていない。ゲリーと話しながら、私は呼吸が戻ってきて、身体も最終的にはリラックスして楽になるのを感じた。

査定人のスティーブも、天使のような人だった。四日以内で保険金の小切手を出してくれて、新しく買う車の費用をほぼまかなえる額だった。それから彼はこう言った。「お伝えしたいんですが、僕はこの仕事をずっとしてきて、ありとあらゆることを見てきました。小切手が記録的スピードで出たのは、きっと車をぶつけてきた酔っ払いにあなたが怒りっぱなしじゃなかったからです。怒りで麻痺してしまって、そのせいで次の段階に進みにくくする人もいるんです。あなたは一週間で新しい車に乗れますよ」

彼の言うとおりだった。もっと良いことがある。事故の前の週、走行距離が七五〇〇〇マイル以上から適用される高額の保証延長を売ろうとする会社から、私はしつこく勧誘されていた。それでなぜかわからないけど断りつづけた。全損した車がレッカー移動されるとき、走行距離計が目に留まり、見ると七四九九九だったのだ。

神があなたを追いかける

あなたが延々と追いかけまわしてきたことが、気づけばあなたを追いかけだすこともあるかもしれない。コースに参加した農家の女性は、すごい経験をした。

何か月ものあいだ、彼女は自分の土地にいた七面鳥を売ろうとしていたが運に恵まれず、大きな頭痛の種になっていた。それがある日、誰かが全羽欲しいと電話をしてきたのだ――皮肉にも、家から何年分ものゴミを片づけた直後に。「素晴らしいわ」と、彼女は言った。

った。「だけどじゃあ、七面鳥を捕まえないと。なんて悪夢なの！」

そこですべてを捧げたのだ。神さまは何だってうまく扱えるんだから、七面鳥がムリなわけないじゃない？　と考えて。

すると驚くなかれ、外に出ると、七面鳥が初めて彼女を追いかけだしたのだ。大笑いしながら、彼女は急いで全羽を捕まえた。

まさしくこういうことなのだ！　執着せずにすべてを神に渡してしまうと、私たちが教わっているのとは逆の形でことが起こりはじめるのである。

それどころか、最も美しい驚きのひとつがここにある。このステップをしっかりおこなうことで、じつは聖霊との愛の営みが築かれるのだ。それはもはや取り引きやお願い事リストではなく、要は愛だ。

さて、あなたはこう思っているかもしれない。「ちょっと待って。私は単に自分の金銭面をちゃんとしたいから、この本を読んでるつもりなんだけど。なんで愛について話してるの？」。でも聞いて。どのみちすべてがあなたのために切り替わっていくのだから、これも放りこんでおけばいいのだ。

神を招いて、あなたを追いかけてもらいなさい。

まじめに。

ただ、「私は準備ができています、神さま。私を追いかけてください」と言うのだ。

それだけでいい。

ステップ４：感謝は身を助ける

インドでは、多腕で恵み深い美と繁栄の女神、ラクシュミを喜ばせる最善の方法は、ひとつに感謝だと考えられている。

もしあなたがすでに持っているものについて感謝しているなら、彼女はあなたにもっと与えないではいられないのだという。多くの人が彼女に恩恵を乞うけれど、自分が今持つ福について、それが一見どれほど小さかろうが、とにかく彼女に感謝するほうがずっと効果的なのだ。

二十年前、私はムンバイ近くの寺院で、ラクシュミ像に何時間にも思えるほど熱心に祈っていた。祈りおえたとき、男性が近寄ってきてこう言った。「失礼ですが、もしよろしければ、ひとつ質問をしても差しつかえありませんか。あなたは誰に祈っているとお思いですか。彼女はまさにあなた自身だということをご存じですか」

おおっ！　衝撃の言葉。私は笑って、たしかにすっかり忘れていたと認めた。その内なる女神は、私たち自身の最も高次の賢い部分だということを思い出したのだ。内なるラクシュミはすでに裕福なのである。

だからあなたも彼女にこう祈るといい。

あなたが与えてくれるすべてへの感謝で、私を満たしてください！　私がどこへ行こうとも、あなたの乗り物であれますように。すべての恵みに感謝できますように。そしてあなたの豊かさを、私自身として知ることができますように。私自身の内なる神聖さを受け入れさせてください。そして、自分は〝ただの〟人間だという夢遊病から、私を目覚めさせてください。

彼女を称える別の方法は、金額の大小にかかわらず、あなたが現に持っているお金を敬意をもって扱うことだ。彼女は整頓や清潔をいたく愛しているので、私たちのしている物理的な片づけは、彼女にぴったりだ。しかし彼女に敬意を表して、財布のなかも片づけをして、重要でない紙類や小切手の控えを捨てたり、いっそお札をすべて券種ごとに並べたりするのもいい。極端に聞こえる人もいるかもしれないが、考えてもみれば、あなたはお金のための小さなポータブル神殿を構築しているのだ。

さらに、感謝はお金を意識して使うことでも示せる。たとえ今は限られた額だとしても、あなたが現に持っているお金に敬意を払うのだ。自分の金銭事情を捧げるというのは、向こう見ずにお金を使い果たしてから、「ま、いいや、神さまは無限だし、もっと運んできてくれる」と言うことではけっしてない。ラクシュミはお金のシャクティだけでなく、あなた自身を尊重することも定める。どこにお金を使うべきか使うべきでないか、耳を傾ければあなた自身の直観が示す。
最後に、彼女への祝福は請求書の支払いをしながらでもできる。請求書の山を呪うよりむしろ、「これを支払うお金があってありがたい！」と言うのだ。そしてたとえもし支払えるお金が今なくても、「もうすぐ払うことができてありがたい！」と言えばいい。

ステップ５：楽に受けとれます

この期間中は、このフレーズをあなたの頭のなかで甘美なお経のように淡々と響かせよう。

私は楽に受けとれます。
私は楽に受けとれます。
私は楽に受けとれます。

女性にとってはとくに、この言葉をくり返し唱えることが、金銭についての唯一最大の画期的な一歩になるかもしれない。多くの女性（それと敏感な男性）は、とめどなく必要以上に与えるよう教えられていて、それと同時に自分は受けとるに値しないと感じている。

そして有毒な激しい怒りが内側でメラメラと燃えるのだ。「私は与えて、与えて、でも私自身の番はいったいいつやってくるの？」。しかしこの憤りが、皮肉にもあらゆる種類の豊かさを——単にお金だけでなく——妨げるのだ。

「私は楽に受けとれます」と言うと、意外な形であなたの世界が丸ごと揺り動かされるかもしれない。

ダニカはこの取り組みに対して心をひらきつつあったとき、ある夜、呼吸が詰まって息を吸えない夢をみた。パニックで目を覚ますと、自分は人生ずっと与えてばかりで受けとっていなかった、ということが見えたのだ。「息を吸わないと！　あなたは息をして、自分の場所をとるに値する。あなたにはその価値がある」と、魂が叫び声をあげたのだった。

この宣言は、古い怒りや憤り、苦々しい思いをとり除くことができる。そういう思考パターンのなかには、先祖から多くの人生を経て受け継いだものもある。それでも、自分は受けとれると断言するたびに、あなたはその遺伝的な先祖の痛みから離れ、燦然とひらかれた出口へと向かっていくのだ。

ププーサの夕食

ある夜、食料品を買いに歩いて店に行きながら、「私は臆せず受けとります、私は臆せず受けとります」と、心のなかで唱えていました。途中、ププーサ〔訳註　エルサルバドルなど中米の名物で、薄く焼いたパンのような食べ物〕の店の前で立ちどまり、ひとつ買おうか、それとも食料品のために倹約しようかと考えていたら、何年も前にお金をあげていたホームレスの男性にばったり会いました。

彼はにっこりして言いました。「やあ、あなたのこと、覚えてますよ！　十ドル借りがありますね」

私はびっくりして、遠慮しました。「いいえ、いいの、ジム。あれはいいのよ」

でも彼は財布をとり出して、譲らないのです。「だめだ。私はあなたに夕飯を買わないといけないんだ！」

一日中、「私は臆せず受けとります」とくり返していたわけですから、さすがに断れないですよね？

そのとおり。この言葉を言うときは、誰からとかどうやってとか指定してはいけない。それにしても、彼女がお金を受けとる必要があったのと同じくらい、たぶんジムもまたお金をあげる必要があったのだろう！

助けがやってくるままにする

サムは評判のいい家具職人だ。過去に多額のクレジットカード債務を何年も負っていたことがあり、そのせいできまり悪さと自責の念に苛まれていた。作業場と最高傑作のすべてをロサンゼルスの大火事で失ってしまい、それと同時に妻が去っていったとき、彼は心が折れ、立ち直れないでいたのだ。

ところが自身の耐えがたい苦難を神に捧げはじめると、奇妙で衝撃的なことを思いついた。「ともかく、自分にムリなことは愛にやってもらおう」。翌日、変な電話がかかってきた。それは大好きな伯母で、優れた投資家なのだが、近頃ビットコインで大儲けしたと言うのだ。甥っ子には気を悪くしないでほしいと思いながらも、状況を知っているから二万ドルあげたい、貸すのではなく、プレゼントとして。受けとってくれる？　ということだった。

素晴らしいことに、彼は伯母から受けとることができ、その日はずっと涙をこらえていた。昔の彼なら、屈辱を受けた気がして受けとれなかっただろう。しかし彼はわかったのだ。伯母は彼を立ち直らせるべく神の選んだパイプだということが……そして彼はありがたく思ったのだった。

受けとる喜び

つまり、受けとることに対して自分を閉ざすと、人々の与える喜びを否定することになるのだ。しかももしかすると、あなたは与えてばかりにならないよう自分自身を手綱で引くことを学ぶ必要のある人かもしれない。だとするなら、こう言えばいい。「はい、神さま、私はまたやってしまいそうです。私をリラックスさせ、自分自身のなかで腰をおろさせてください。そして受けとることに対して私をひらいてください」。人によっては、「私は受けとるに値する」と言うことが、幾度もの転生分の宇宙的転換となることもある。

あなたはあげたプレゼントを心から感謝されたときの、あの喜びがほとばしる感じを経験したことはあるだろうか。たとえ自分の好みに合ってないプレゼントでも、快く受けとると、私はひらいていきます、と宇宙に告げていることになる。そして、与える人の姿をした神を尊んでいることになるのだ……それに、その好みに合わないプレゼントは、後からいつでも誰か別の人にあげられる。

受けとる練習を続けるにつれ、お金がじつにびっくりな形で過去から戻ってくるかもしれない。たとえば、ベスは弁護士から、「貴殿に千五百ドル多く請求していたことがわかりました。一年経ちますが、返金せねばならないと存じます」と、連絡をもらった。（ベスいわく、弁護士についての古びた固定観念を今さら補強したくはないけど、もし神の存在を証明するのに奇跡が必要だとしたら、まさしくこの一件だ、ということだ）

受けとれるようになったことで、過去の帳尻のズレが修正される余地ができたのだ。神はお金を好きなように運ぶ全面的な許可を得た――そして、実際にそうしたのだった。

もう三つの方法

神なる源に対してひらくのに役立つ簡単な方法を、三つ紹介する。この取り組みはその性質上とても実用的なので、現実の世界で用いる具体的な方法はあってありすぎることはない。

神の箱を手に入れる

洒落ていても簡素でもあなたの好みでいいので、箱をひとつ手に入れよう。それをあなたの問題や切々たる願い、そしてお金にかんする恐怖（ついでに言えば、ほかの何でもいい）を入れるための、神の容器にするのだ。重荷が現れたらいつでも、紙に書いてすべてを捧げて箱に突っこむ。そして、しかるべき行動が示されるよう頼む。もし不安が続くようなら、その件は箱に入っているのだから、もはや百パーセント神のものである、と自分に言い聞かせること。（ところで、これはたぶんビジョンボードとは逆だと思う。というのも宇宙に何をしろと告げているのではなく、神聖な解決策を求めて重荷を投げかけているからだ）

このちょっとしたシンプルな箱で人生が変わることもあるが、それは捧げることが物理的な習慣になるからだ。定期的に紙を全部燃やしたり捨てたりして、改めて始めることもできる。いかに多くの問題が解決されているか、たぶんあなたも驚くだろう！

ココナッツを叩き割る

ココナッツは思考を解放するための、最も意外でパワフルなツールかもしれない。これはインドの儀式だが、似たような習慣がカリブ諸国やほかの地域にもあると聞いたことがある。私はこれをどんな種類であれ大きな捧げごとに使うのが好きで、何かに圧倒されたように感じているときはとくにいい。長年にわたって、じつにたくさんのココナッツを割ってきた（そしてじつに多くの人に、この方法を教えてきた）ので、アメリカ・ココナッツ販売業者会と一緒にココナッツ推奨の機会がないかと冗談で思っている。

ココナッツは特定の問題への精神的固着を象徴する。実際よく見ると、本当に黒い目がふたつと口がひとつの頭に見える。普通はアジア系のマーケットや健康食品店で見つかる。ウィスコンシン州の田舎に住むある女性は、ひとつ手に入れようと夢中になるあまり、アマゾンで三個セットを注文できるとわかって感激していた。

では使い方を紹介しよう。

殻に毛がついたままの、無傷の硬いココナッツをひとつ入手する。なかでミルクがちゃぷちゃぷする音が聞こえるのを確認すること。そして腰をおろしてココナッツとともに瞑想し、手放したい重荷を丸ごと神に捧げる。その後、それを思いっきり投げて叩き割るのだ。「これを投げたら、私を鎖から解き放ってください。私の捧げものを受けとり、私をこれから解放してください！　すべてはあなただけのものです！」と、私はよく言う。

私は歩道や岩に激しく投げつけるのが好きで、というのも手から離れて爆発すると深い満足を覚えるからだ。（ハンマーで叩き割る人もいるのは知っているが、私にとっては、パワーの半分は実際に投げることからやってくる）。もしあなたが特定の件で延々と拷問のように苦しめられてきたなら、ココナッツが割れたとたん自由を感じるかもしれない。思い起こせば、私が初めてココナッツを叩き割ったとき、幼少期から抱えてきた重みが粉々に砕け散り、けっして戻ってくることはなかった。

（注意：かけらをとっておいて食べないこと。あなたの古くて嫌な問題が入った象徴的容器を壊したのだから、捨てるように！）

儀式をする場所としては、私は海岸や公園が好みだけれど、ありとあらゆる場所でしてきた。あなたも導かれるだろう。以前ロサンゼルスでクラスをしたとき、この破壊セレモニーでひと暴れすべく、私たち一行は近くの小道に入っていった。ある女性が、熱が入るあまり強く投げすぎて、ココナッツがうっかり高いフェンスを越えて人の家の庭に入ってしまった。ちょっとしてから、驚いたその家の持ち主がぐちゃぐちゃになったブツを抱えて、よろめきながら出てきた。持ち主に当たらなかったことがありがたい！　あれはいくらロサンゼルスでもやりすぎだった。

ところで、もしあなたがどうしてもココナッツが手に入らない場所に住んでいるなら、持っている物でやればいい。メロンや卵、または古いお皿を使った人もいる。大事なのは、捧げて手放す、という純粋な意図なのだ。

豊かさを実演する

さて、三つ目の方法だ。あたかも裕福であるかのように行動すること。たとえまだあなたがそう感じていなくてもである。誰かにチップを多くあげるとか、もし昔からよく、「私はあまりチップをあげない。いつかリッチになったらたくさんあげよう」と思っているならとくに、そうすること。

いつか、ではなく、今、始めるのだ。

神が与えるためにあなたを使うのを、ゆるしはじめよう。

ときどき、お金はひとつの手からはかの手のなかへと流れていくために、文字どおり許可を必要とする。

けれど誤解しないでほしい。深い空虚感を隠すために衝動的に散財する人もいるが、この方法は見境なくお金を使うこととは関係ない。むしろ私が言っているのは、信頼心の実演として裕福さを実演する、ということなのだ。

あなたは他者に与えるにつれ、「助けるために、私は神さまのお金を楽に使えます」と、感じるようになる。

什一献金［訳註 収入の十分の一を献金すること。聖書の記述にちなむ］は、その確実な方法だ。あなたは〝自分の〟お金の十パーセントを使って、これは本当は私のものではありません、ということを実演するのだ。（さて、それどころか何も自分のものではない、と異を唱えるところだけど、私の意味することは伝わっていると思う）。十分の一をあげるとき、あなたは「十パーセントは神さまのものです。示されたらいつでもお返しします」と、言っているのだ。

ところで、什一献金の先はかならずしも自分を精神的に支えてくれる所でなくてもいい。政治や環境、または動物関係の団体に、あるいはお金が必要な友人や、女性用の避難所――どこであれ自分にとって重要な場所――にあげる人もいる。あなた自身のハートがそれを示すだろう。もしそれも難しいなら、こう祈ることができる。「奇跡を起こし、私が返せるよう助けてください」

もしあなたにあまりお金がないか、一時的に財布が厳しいとしても、この行為でパイプがひらけるのだ――ただし、出し惜しんでするのでなければの話である。たとえ少額でも、与えれば流れをひらくことができる。

「私を使ってください、神さま。あなたのお金が私を介して必要な人のもとへ届くように」

コースに参加した誰かが、什一献金はお金意外の方法でもできると指摘した。たとえばボランティアだ。ボランティアのパワーをけなしたくはないけれど、私が見てきたことを言うと、時間は気前よく提供してもなお、「もちろん、ボランティアはする。だけど金のことなら、あれは全部自分のもの」と思う人がいるのだ。しかし人によってはドルとセントをもらわないといけない場合もある。そんなとき什一献金は、私は愛の代理としてこれを与えます、という経験をもたらせる。

頭の声が「だめ、それは私のもの。怖い！」と抗議するいっぽうで十ドルあげるのにも、変容の力はある。あなたはあげても安全だと感じはじめ、神なる源のなかで安らぐのだ。そして時間も、お金も、愛も充分にある人生を受け入れるようになるのである。

以前、聖職者の女性が、与え足りなかったときはどのみち神さまが持っていった、と言うのを聞いた。彼女はホームレス基金に寄付したい、と思いはしたのかもしれないが、万が一の備えとしてとっておくために、実際はしなかった。

　すると例外なく大変なことが起こり、寄付したかったのとまさに同じ金額を払うはめになった。車のバッテリーが駄目になったり、飼い犬が病気になったり、歯の詰め物がとれたり。それで彼女は、その気になったらあげるようになった。愛は愛の分をお構いなくとっていくとわかったからだ。協力するほうがずっと楽だった！

幸運についての罪悪感

　もしあなたが、何であれ幸運を体験していると罪悪感を覚えてしまう傾向があるなら、什一献金は良薬だ。悪く感じるよりむしろ、そのまま愛にいくらか捧げ返そう。するとあなたは、「こんな経験するなんて私は何者？」と考えるのではなく、むしろ有用なパイプになっているのだ。この惑星の福のために、神によって効果的に使われる許可を全面的に与えているのである。

惜しみなく与えるための瞑想

少し時間をとって、自分の内側に意識を向けましょう。身体がくつろぐようにしてください。そして、思考が静まるのを感じましょう。

それから、あなたの頭頂から光が滝のように注ぎこむのをイメージしてください。両手をひらいておき、あなたを流れ渡る光の滝が、その両手のひらからあふれ出るままにしましょう。この光はあなたを通して世の中に出ていきたいのです。光の自然な流れとして、それを感じましょう。

そして、この光が上昇し、また頭頂から注ぎこまれるのをイメージしてください。光が手のひらから出て、頭頂を通り、また手のひらから出ていく、その循環のパターンができるままにしましょう。

あなたがこの輝く光の滝の一部である様子を、ただイメージしてください。経済的な豊かさや繁栄はこの一部であると――別ではないのだと、知ってください。与え、そして受けとるための手段として自分自身を見るほどに、あなたのもとにやってきたいすべてがやってくるようになり、去っていきたいすべてが去っていくようになります。

受けとるために両手を全開に、そして与えるために全開にしておいてください。楽にしましょう。ホッとしますね。何にもしがみつかなくていいのです。怖れなくていいのです。あなたは与え、受けとるための入れ物なのです。

ゆっくりと戻ってきてください。そして、あなた自身が豊かさの滝であるという、そのシンプルなイメージを持ちつづけましょう。たとえまだそれがあなたの銀行口座で確認できなくてもです。それは重要ではありません。入ってくる様子、出ていく様子を思い浮かべましょう。あなたはあの光の滝の一部なのです。

物語にさようなら

以上の方法を使っていくと、あなたが自分自身にずっと言い聞かせていたお金にかんする〝物語〟が、気づけば霧が晴れるように消えだしているかもしれない。実際は、そういった古びた物語はじかに愛に捧げていいのだ。紙に書いて神の箱に入れたり、ココナッツのなかに入れるイメージをしてから叩き割ったりできるし、「私がこれを手放す準備を整えてください!」と祈ってもいい。

ときには、「私はいつも犠牲者だ」とか、「私は罰があたってばかりだ」とか、そういう物語が感情的目的を果たすことも過去にはあったか、または少なくともインナー・キッド、すなわち内なる子どもにはなじみがあった。けれどもあなたは、「大丈夫、私たちはもう子ども時代に捕われていない。今やこの人生は愛のものだから、どんなことも起こりうる！」と、言いはじめていいのだ。

自分を拷問にかけるのをやめる

多くの人が、過去の〝お金にかんする間違い〟を理由に自分自身を日々責めている。けれど神に捧げるにつれ、たぶんその熱意も失せていく。たとえば、車が盗難に遭った十年前のあの日に鍵をかけてなかった自分のことを、とがめなくなる。代わりにこう言えばいいのだ。「自分をゆるさせてください。あなたの豊かさに対して自分をひらくにつれ、すべての損失が埋めあわせられると信頼できますように」

そういったトラウマ的出来事の重みが軽くなってくると、自分自身を責めるのが退屈にすらなってくる。私は本当にあの同じ穴ぼこ道にまた降りていきたいだろうか。道を示されるためにすべてを愛に捧げ返せますように！　と思うのだ。

すると、「この件についてどうすれば自分自身に優しくできるのか、どうか示してください」と、言うことができる。たとえば、あなたが投資の失敗を理由に自分をいまだ責めているとしよう。その鬱屈とした怒りは、現在やってきたい福を当然妨げることになる。

しかしあなたが自分自身をゆるすにつれ、再び神の流れに対してひらいた状態になる。神の流れのなかでは、どんな損失の後も獲得がやってくる可能性が潜んでいるのだ。

それに、お金の間違いをしたことのない生きた人間なんているだろうか。「わかりました、神さま、あなたは何が起こったかご存じです。でもあなただけが私の源ですから、私はあなたにすべての後悔をお渡しします」と言えば、どれほどホッとすることか。だから、過去を理由に自分を責めて、この貴重な人生を無駄にしてはいけない。とにかくさっさと捧げよう。愛が慰めてくれて、「さあ、私たちでこの重荷を分かちあいます。しかるべき行動が示されます」と、囁くのを感じられるかもしれない。

先日、イエスの有名な言葉、「父よ、彼らをお赦しください。彼らは、自分が何をしているのかが分かっていないのです」（ルカによる福音書　二三章三四節）（『聖書　新改訳』新日本聖書刊行会）について考えていた。しかしもしこれが、私たち自身の内側で使われたらどうなるだろうか。私たちの多くが、もっとましな分別がつかなかった頃にしてしまったお金の間違いのせいで、自分自身を迫害するのだから！

だからこんなお祈りもいい。「どうか私自身をゆるせますように。私は、自分が何をしているのかが分かっていなかったのです」。神なる源が呼び起こされ、豊かさの回路がひらくとき、宇宙が何を運んでくるかは知る由もない。

良き友人であるダンは、ベイエリアの狂気の不動産市場で金を使わなかったことで、延々と自分自身を責めていた。「頭から全然離れないんだよ」と、彼は告白した。「過呼吸になりそうだ。エルムウッド地区のあの可愛いコテージ、十年前なら五十万ドルで買えたのに。不動産サイト《ジロー》でストーカーみたいにまだ追ってるんだけど、今じゃ百五十万ドルだ。なんてバカだったんだ！」

私は笑って呆れ顔をした。「覚えてないの？　あの頃は買わないもっともな理由があったじゃない。どちらにしたって、もし買うことになっていたなら、買っていたでしょうよ。もし単にそういうことにはなっていなかったとしたらどう？」

来る日も来る日も、ダンはたくさんの苦しみと後悔を抱え、自己非難の炉に身を置いていたために、ほかの家がやってくる余地もなかった。私は彼に、すでに気持ちも萎えているのだし、「自分を完全にゆるさせてください。私は、自分が何をしているのかが分かっていなかったのです」と祈ってみたところで何も失うものはない、とそれとなく言った。

正直なところ、ダンが同意したのにはびっくりした。そして彼は手放すにつれ、十年ぶりにほかのよさそうな物件に気づいたのだった。

このお祈りは神の選択と連携して作用する。神の選択においては、どの個人も、場所も、物も、ことも、あなたの源ではなく、神のみがそれである。離れていったものに対して、やきもきする必要はない。神がすべての貯蔵所として再インストールされるとき、悲劇的に見逃される好機など存在しない。あなたが現在へと移行するだけで、あなたのものになることになっているものは、つねにやってくる。

お金の後悔についての瞑想

少しのあいだ自分の内側に意識を向けましょう。ただ呼吸に集中してください。心身が落ち着いて、静かになるのを感じましょう。

この内なる光、内なる神――どうイメージするのであれ、この存在とのつながりを感じてください。それから、あなた自身の過去から何かお金についていまだに憤りがこみあげることを、見せてもらってください。あなたはそのことで、自分自身を責めているか、あるいはほかの誰かを責めているかもしれません。善悪を決めつけないで、ただ最初に出てくることに気づいてください。

そしてイメージしましょう。あなたはそれが何であれとりあげて、あの光の滝に完全に捧げてしまうことができます。

　次のように言ってください。「これを洗い流してください。これが自分の源だという幻想から、私を自由にしてください。自分をゆるさせてください。ほかの誰かをゆるさせてください。ゆるす必要のあることを何であれ、ゆるさせてください。私はもうこれに支配されたくありません。神の豊かさそのものが、私の源です。私は過去をゆるせます。そこから学ばなくてはならないことは、学びました。そしてこれを手放す準備ができています。私がとらなければならない行動がまだあるのなら、それを示してください。これを手放せるよう私の準備を整えてください」

　それから、また別のことが浮上するままにします。別の問題、人、あなた自身を責める方法、あるいは何であれ手放せていないこと――あなたが頭のなかでこしらえた、不足についての別の幻想――かもしれません。その問題を手にとって、あの輝く滝に捧げてください。こう言いましょう。「私は準備ができてきます。私はもうこれに捕われていたくありません。神そのものが、私のすべてにとっての源です。私自身をゆるさせてください。ほかの人をゆるさせてください。もしとるべき行動があるのなら、私に示してください。そうでないなら、私を自由にしてください」

　その後、準備ができたら、ゆっくりと戻ってきてください。この気づきを――そのふたつの問題が何であれ、今や神のものであるという感覚を――持って帰ってきてください。もしまたそれらが浮上してきたら、もしまた自分自身に憤りはじめたら、もし自分のことを責めている自分に気づいたら……ただ捧げ返しましょう。

WEEK FOUR

ENERGETIC CLEARING

第４週

エネルギーの浄化

飛びたいなら、あなたを重く押し下げる
そのくだらないものを諦めないと。

――『ソロモンの歌』（早川書房）トニ・モリスン著

第二週と三週では、サウチャ（清浄・清潔）の外側に焦点をあて、自宅を豊かさの入れ物にすべくきれいにした。第四週では、サウチャのもういっぽうに移り、内側のエネルギーを浄化する。しかしその前に、もう少し深く家を浄化しよう。

片づけ VS. 潔癖症

よくこんがらがるトピックのひとつに、片づけときちんとすることとの違いがある。自分の持ち物をすべて愛に捧げるのは、きちんと小ぎれいにしないといけないのとは違う。

物を手放すことは理解できますし、それは重要です。でも言っておきますが、不愉快です。なぜならじつは、私はきれい好きな人ではないからです。トーシャ、思うにあなたは単に潔癖症で、すごく禅っぽい空間を、私たちみなに持たせようと言いくるめているのではないでしょうか。私もたまはそういうのが好きですが、だいたいは散らかっているほうが好きなのです。

はい、あなたの言うことはよくわかる。

私はかなり視覚型の人間で、汚れた食器があると気が気でなくなることは認める。（そう、私は夕食の後すぐに食器を洗う。なぜなら翌朝起きてそれを目にすると、ほとんど実存的不安に苛まれるからだ）。しかしそれは重要ではない。

きれい好きな人がいれば、そうでない人もいるという点は、尊重する。重要なのは、もはや好きでないとか、使っていないとか、あるいは必要でない物の、滞った邪魔なエネルギーを浄化することなのだ。元教師の友人が言うには、もともと整理整頓好きなのに、わが目を疑うほどこの過程で古いファイルの山々を片づけたという。よくある話だ。

物をふるいにかけていくと、たぶんあなたの周り（それとあなたのなか）のエネルギーが切り替わっていくのを感じるだろう。中国医学では、〝滞った気〟は再活性化が必要になると考えられている。それは家でも同様に起こるのだ。

いったん片づけてきれいにしたら、残った物をどう扱うかはあなた次第だ。もし残った物ですごい豚小屋をつくりたいなら、まあ、どうぞ！　私たちが同居するのでない限り、あなたが行きつく所まで応援する！

日記を焼く

何年も前、アパートの掃除をしている最中に、日記の大半を燃やすよう導かれた気がした。とはいえ考えた。「私、頭がおかしいのかしら。どうしてそんなことできる？　私はライターよ。将来いつか回顧録を書きたくなったらどうするの」

しかしじつのところ、その日記——ほとんどは拷問のような二十代のもの——を読んだら、使いものにならないとわかったのだ。どれもこれも、混乱と恐怖と泣き言の巻だ。それに筆跡が、私にしてはきちんとしていたとはいえ、精神錯乱した薬剤師のようで（今もだが）、自分でも半分しか判読できなかった。あの自己嫌悪の山を燃やすのは、もはやほとんど記憶から薄れたペルソナを手放す強力な方法だった。日記が暖炉でいぶされ、一ページ、また一ページとオレンジ色の炎にゆだねられるにつれ、心が踊った。

私はまったく後悔していないが、あなたもそうすべきとは言わない。だって、人はみなそれぞれだから。あなた自身の日記は素晴らしいかもしれなくて、あなたはアニー・ディラードやコレットに次ぐ人かもしれない。ほかのすべてと同様に、それも神に捧げれば、あなたに示されるだろう。

内で知り導かれる

さて、あなたの家は神殿になりつつあるので、ここではあなたの内側のエネルギーに焦点をあてよう。基本的に、それは不要なサイキック・コードをとり除くことでおこなっていく。サイキック・コードとはエネルギーのロープであり、私たちを核心的な人やものごとにつなぎとめる。

この内なる領域に入っていくとき、引き続き自分の直観を尊重するように。おそらく家を浄化する過程で、あなたはスパンダ［訳註　第3週で説明した、内なる引きのこと］に従いやすくなってきているだろう。そのスキルはあなた自身の内側にも応用できるのだ。

捧げれば捧げるほど、内で〝聞こえる〟ようになり、画一的なルールがたぶんどうでもよくなってくる。何が必要かは、内側から示されるようになる。ぜひこの習慣をあなた自身の心理に合うように適応しつづけてほしい。

それどころか、あなたは捧げるほどに、より信頼しはじめるのだ……あなたを。私は指針こそ示すけれど、内なる神に導かれたあなた自身の権威が花ひらいていくのだ。そしてこのプロセスの終わりまでには、願わくばその静かにわかってくる状態がかつてなく強まっていることだろう。

内戦を終わらせる

友人のカーロッタは自分の食べる物にいちいち神経質で、木のペンデュラムを持って健康食品店のなかをせわしく歩きまわり、カリフラワーやキャロブバー［訳註　スーパーフードのいなご豆を使った板チョコ風のお菓子］をすさまじい勢いでテストしまくっていた。敏感な身体を持つ人間として、それは理解できる。しかしそのいっぽうで、カーロッタはじつに悲惨で卑屈なことをひっきりなしに自分に言い聞かせ、朝から晩までメンタル・バットで自分自身を打ちのめしていた。

私にとっては、ひどいことを自分自身に言うと、それは飲食する物よりはるかに有毒になりうる。しかし捧げることと浄化を通して、やがて内戦は終わらせられる。

これは内からしか起こりえない体制変革なのだ。辛辣さと自己非難という内なる暴君が、徐々に退位させられ、あなたを永遠にその恐怖政治から自由にする。もっとソフトで寛容なあり方が、やってきているのだ。

コードとチャクラ

皮肉にも、私たちに暴政を施すお金についての思いこみの多くが、私たち自身のものですらない。たとえば、母親の胎内にいるあいだに母親が感じたことを、自分の考えとして持ちつづけているのかもしれない。私たちはそれらを一種の浸透作用として吸収し、それがサイキック・コードとなって捕えられてしまうのだ。これらの〝固く結ばれた絆〟は、私たちに困惑感や無力感を抱かせたままにすることがある。

これらは本当に、心理的な投げ縄のように感じられる。「私は絶対に充分なお金を持てない」といった、お金についてのある種の精神的傾向は、単に配偶者や親とのコードかもしれないのだ。たとえば、もしあなたの父親が次から次へと金銭的な危機に陥るなら、あなた自身のパターンも同じになると想定していいかもしれない。しかしそのコードを外せば、あなたは正気をとり戻すか、少なくとも自分自身の運命をとり戻し、父親の運命を生き直さなくてはとは感じなくなるだろう。

通常、コードは悪魔的な意図で付着しているわけではない。とはいえもちろん、そういう場合もたまにある。しかし大抵は、単に誰かの窮屈な思いこみや、あなたのなかで寄生虫のようにとっておかれている傷だ。

素晴らしいことに、こういった粘着質のロープはとり除くことができる！　散らかった部屋をきれいにしたのと同じ方法で対処し、その後あなたを今現在へ、神なる源とあなた自身との神聖な関係のなかへと戻して着地させていくのだ。

しかしまず、チャクラについて話しておく必要がある。チャクラとは背骨にそって位置しているエネルギー・センターのことで、ここにコードがくっつく。私たちにはそれが（少なくとも）七つあり、第一チャクラが背骨の根元、第七チャクラが頭頂にある。この取り組みの目的上、主に下位の三つのチャクラに焦点をあてるが、その三つともが安心に関連する。私の気づいたところでは、一般的にそこが最も有毒なコードが結びついている箇所だ。

誰かがあなたの背骨の根元にある、大地につながるチャクラに引っかかっているかもしれないし、または第二チャクラ、すなわちおへそのすぐ下にある、生存と創造性のエネルギー・センターに引っかかっているかもしれない。もしくはみぞおちにあるパワー・チャクラかもしれない。ことによると、その三つ全部かもしれない。少し練習すれば、どのチャクラが誰かの傷や恐怖心に引っかかっているか、あるいは過去生に引っかかっているか、あなたも感じとれるようになる。

アリックスは十歳のときに起こった、父親の自殺という恐ろしいトラウマにコードでつながっていた。長年セラピーを受けていたが、その出来事のなかでなお凍りついているかのようによく感じていた。しかし、これから私たちがおこなう瞑想を何度かした後、第二チャクラから父親につながったコードを断ち切ることができ、ようやく自立できた。コードをとり除いたことで、彼女は解放され、しっかり今にいられるようになったのだ。

さて、コードについて被害妄想的になる必要はない。というのは、いったん気づけば、とり除くのは思いのほか難しくないからだ。これはどんな種類の問題についてもできるが、ここではとくにお金に焦点をあてる。次の瞑想があなたを導く。

コード瞑想

残りの期間中、ぜひこの瞑想を何度もしてほしい。おそらく浮上する人や出来事はひとつで終わらないだろうが、最初に出てくる主要なことに気づこう。

呼吸を意識し、あなたの内側でエネルギーが落ち着くままにします。地球があなたを支えていて、頭の声が静かになっていくのを感じましょう。

お金についてあなたがつながっている誰かが、あなたの存在のなかに浮かびあがってくるのを感じとりましょう。パートナーかもしれませんし、親かもしれません。または過去の誰かかもしれません——誰であれ、あなたが自分の身体にとっておいたお金観の、持ち主です。

身体のどこにそれをとっておいたかも、わかるかもしれません。おへその下、または背骨の根元に、ロープがくっついているのが見えるかもしれません。またはみぞおちのパワー・チャクラかもしれません。自分でわかることを信頼してください。最初に出てきた人に意識を向けます。

そして、その相手に言いましょう。「私たちのつながりは今や完了です。私は、神さまのお金とのつながりを持ち直しているところです。私自身と神さまのお金には神聖なつながりがあって、私はそれをしっかり持っています。なぜなら私は、豊かな状態で生きるに値するからです。自分は充分に持てると信じるに値するからです。私は福に値します。豊かさの運搬車でいるに値します。

今、このコードをとり除いていきます。私自身の身体から、あなたにつながったこのロープをとり除いています」

あなたにとって最もやりやすい方法でとり外しましょう。引っ張ってもいいですし、焼いても、切り離しても構いません。

その人に感謝しましょう。至高の祝福を願ってもいいでしょう。そしてこう言ってください。「私たちは完了です。このコードはもう私の世界を動かしていません。今や私自身が、神さまの寛大さとつながっています。私は自由に、神さまの福のための運搬車となれます」

この第一ラウンドでわかった人は、誰であれ重要です。だからこそ、浮上したのです。この付着ひとつとり外すだけで、あなたは自分自身の身体のなかに存在している感覚が増すかもしれません。あなたはその人と神さまのお金との関係を生きるより、むしろあなた自身と神さまのお金との関係を始めつつあるのです。

ここで、また落ち着きましょう。これからあるイメージを見ます。今生の出来事かもしれませんし、過去生かもしれません。あなたがコードでつながっている過去の出来事を、魂がひとつ見せてくれます――あなたを恐怖や欠乏の場所に引き留めている出来事です。もしたくさんの画像が見えていても大丈夫です。最初に出てきたものに意識を向け、ほかのものについては後でこの同じテクニックを使って処理しましょう。

この最初のイメージは、偶発的な出来事か、あなたが恐れていること、または思い出かもしれません。何であれ出てくるままにしましょう。ここでまた、あなたをそのイメージにくっつけているエネルギーのロープを感じてみてください。そのコードは、あなたがようやく断ち切るか、または焼き捨て、「この記憶はもう私の現実ではありません。神さまのパワーはこの幻夢よりも強いのです」と言うと、消えてなくなります。まるで風船が空に向かって飛んでいくのを見るように、あなたがそれを手放しているのを感じてください。去っていくのを眺めましょう。何が可能かを、それが決定することはもうありません。それはもうあなたの物語ではありません。あなたはコードを断ち切り、愛が必要なものごとを運んでくるためのスペースをつくりました。

そのコードが、カギとなる人やイメージに向かって解き放たれるのを感じましょう。もしもそれらがまた付着してこようとしても、はねのけることができます。あなたはもうその求めには応じられないのです。

そして最後に、自分自身の身体のなかに戻り、こう言ってください。「私は楽に受けとれます。神さまの至高の計画を受けとり、福の運搬車となるのは簡単です」

では準備ができたら、起こったことをすべて覚えたまま、ゆっくり戻ってきましょう。

パワーをとり戻す

みなさんのなかには、コード瞑想を一回すれば、道をふさいでいる主要な人物を充分とり除ける人もいるだろう。けれども下位の三つのチャクラに、紛れもない集団がいることに気づく人もいるかもしれない――あなたを依然として窮境に陥れるお金観の持ち主たちだ。でも大丈夫。とにかく日々この瞑想に立ち戻り、引き続き必要なだけとり除こう。瞑想の後には、必要なら水をたくさん飲んで休憩すると助けになる。

どんなコードもあなたの許可なしに付着したままではいられないということを、頭に入れておくように。第一歩は単に気づくことだ。いったんそれらを感知する習慣がつくと、よりはっきりわかってくる。瞑想はかならずしも必要ではなくなるだろう。

たとえば大変な日には、あれこれ考えてしまって、「自分はけっして、絶対に、充分に持てない」と――またしても――思うかもしれない。するとふいに、第二チャクラでグイッと引っ張られる感覚がある。そこであなたの姉妹がふっと思い浮かぶかもしれない。そして突如として気づくのだ。「ああ、私はずっとここに彼女の恐れを抱えていたんだ。とても身近な存在だったから、全部拾ってしまったんだ！」

そして、それを引っこ抜く。
とり除くとき、とくに最初は、どうか優しくおこなってほしい。ストレートな方法ではあるいっぽうで、最初は少し疲れたり、頭がぼんやりしたりするかもしれないからだ。なんだかんだ言って、誰かの心理的なエネルギーが延々と引っかかっていたであろうところに、今になって、「もうたくさん！　さあ出ていって！」と言っているのだ。でも忘れないでほしい。コードは自然の現象で、あなたは自分自身のエネルギーをとり戻しているだけなのだ。切り離しながら、相手に愛や祝福、または感謝を送ることもできる。

　より気づき、より落ち着きが出るにつれ、ひとつひとつのコードに忍耐と愛をもって対処するようになる。見つけたら、引っこ抜く。少し練習すれば習慣になる。たいしたことではない。コードはたまに戻ってくるかもしれないが、くよくよしてはいけない。たとえばある日、気づくと金銭的恐怖の波にのまれているかもしれないが、あなたはすぐに自覚するのだ。「あら、また引っかかってる。家族の恐怖心がまた出てきた。だけどこれは私のじゃないから、ありがたく切り離します」

　これらの方法があれば、あなたはもはや欠乏思考のなすがままではない。そしてやがて、虚偽の代わりに、真理に同調する決意をする。「私はけっして必要なものが手に入らない。私は絶対に受けとれない。私はこれからもずっと羨むばかり」といったウソは、力を失っていくのだ。古いパターンに陥ってしまったら、あなたはただ気づいて、感謝して真理に舞い戻る。

私を変えてください・豊かさのための祈りフルバージョンは、それを言い尽くしている。

あなたの光を制限なく運べるように、自分自身を完全に愛せて、ゆるせて、受け入れられる者に、私を変えてください。去っていく必要のあるものはすべて、去っていかせてください。やってくる必要のあるものはすべて、やってこさせてください。

私は完全にあなたのものです。

体験談

コードはあなたが想像だにしなかった驚きの形で、物理的に影響を与えるかもしれない。切断することで、ときに強い安堵感がもたらされることがある。

この方法はとてもパワフルです！　コードは以前に何度も切断していますが、これとは全然違いました。

私が九歳くらいのとき、伯父がわが家で同居するようになったのですが、まもなく私にひどい腰痛が出てきました。どんな医療検査でも原因は不明です。それで今日、誰がコードでつながってきているのかを見たら、もちろん伯父でした。ロープが骨盤の前面から会陰を通り、腰にまで到達していたのです。焼けつくような痛みでした。

それを切断して伯父の根深い欠乏感を手放すと、なんと痛みも消えたのです！　こうしてじかに体験しなければ、そのふたつをリンクさせて考えることは絶対なかったと思います。

コードの切断は、苦しみの世代に由来する恐怖を捨てるのに役立つこともある。自分の子ども時代にいた誰かを、下位の三つのチャクラのどれかに抱えつづけ、彼らの不安を自分自身の人生で再現させることはよくあるのだ。

私の中国人の母は八人きょうだいの末っ子で、四人はひとつのベッドで寝て、残りの四人はアパートのあちこちでばらばらに寝ていました。母は幼い頃に父親を亡くし、そして母親、つまり私の祖母は、英語もしゃべれないのに、世話が必要な子どもたちを抱えて残されてしまったのです。子どもたちはみな腹ぺこで、怯えながら育ちました。けれども私は、母と祖母の両方につながったコードを手放すにつれ、お金を含め、あらゆる分野で自分の力をとり戻しているのがわかります。彼女たちが体験したことにはとても同情しますが、私は違う生き方を学んでいると自覚していて、それは日々強まっています。

コードのとり除きは、すごく愉快なこともある。次のエピソードには笑ってしまう。

たった今、初めてコード切断の瞑想をしました。私がとり除いたのは元夫で、じつは彼は今も良き友です。私は彼にずっと借金があって、四年前の離婚から返済しつづけていましたが、あなたのコースに出て、残りを一掃しようという気になりました。そこで、コードを切断するのがふさわしく思えたのです。

でも聞いてください。切断した直後にフェイスブックをひらいたら、見ると彼がカバー写真を変えていたのです。以前は私たちふたりの写真だったのに、今は私を切りとっているのです！　最初はこけにされたと思いましたが、彼がそれをしたのがまさに私の瞑想中だったとわかって、思いなおしました。すごい！

そう、たしかに、勘のいい人ならあなたにコードを外されたことを感じとるだろう。外した後も、その相手を慕ってそばにいてもいいが、あなたの自由やすっきり感が制限される形で縛られることはなくなる。

コードのとり除き方を知っておくのは、秘策袋に聖なる剣を入れて持っておくようなものだ。それでもときおり、気づけば〝最強にねちっこい〟のを外すために、助けが必要な場合もあるかもしれない。そういうことが起こったら、いつでも大天使ミカエルのような光の剣を持つ形象を呼んで、汚れ仕事をしてもらうことができる。障害を除去するロード・ガネーシャ、あるいは死と再生の女神であるカーリーも、これらのロープを同様に粉砕できる。助けが必要な場合は、遠慮なく招き入れよう。

過去生

もしかすると、あなたは何の不足もない家庭で育ったのに、それでもお金のことでよくビクビクしているかもしれない。私自身、過去生についてじっくり考えはじめるまでは、そのことで戸惑っていた。ものごとの影響範囲を現在の転生より広げて考えると、多くのことが腑に落ちる。たとえば、「なぜモーツァルトは五歳でピアノ・コンチェルトを作曲しあげたのか」とか、「ジャンヌ・ダルクはほんの十代で、どうやって軍隊を率いたのか」とかいう問いも含め、納得がいくのだ。

だから、引き継がれるのは才能やスキルだけでなく、多くの心配や恐怖症が、お金についてのそれも含め、過去生の記憶や心象から発しうるのだ。ひょっとすると、あなたは別の時代にヨーロッパで腺ペストで死んだか、チベットの地震ですべてを失ったのかもしれない。わからないではないか。

あるいは、あなたはわかっているのかもしれない。

以前、過去生退行催眠をしてもらったとき、日本の江戸時代の京都での転生がはっきりと見えた。私はそこで、困窮する芸者だったのだ。あまりに鮮明に見えたので、そのときの恐怖をまるで昨日のことのように感じた。西洋人のなかには、洗練された食べ物や着物を享受する格調高い人生をイメージする人もいるかもしれないが、私が感じたのは、美の真ん中での絶え間ない金銭的絶望だ。私は生き延びるために、太っ腹なだんな、つまり食べ物や衣類を援助してくれるパトロンを見つけることに、翻弄されっぱなしだったのだ。

それではっきりわかったが、人生の前半につきまとっていた金銭的な不安は、ひとつにこの江戸時代の日々に由来していたのだ。またこれは、常々から日本の美意識や文化にとても心休まる気がしていたことの説明にもなった。

生贄《いけにえ》と喪失について

ある意味、あなたは落胆と喪失を通して捧げ方を学んでいると言ってもいい。真に捧げるというのは、熱烈にじかに愛を招いて手綱を握ってもらい、エゴの計画ではなく愛そのものの計画を運んできてもらうことだ。

そして真実を言うと、それはときに耐えがたいほどの痛みを伴う。まるで去る必要のあるすべてを、彼女が切除しているかのように感じるのだ。幻想、こだわり、依存……大抵は麻酔もなく。

だから私は、すべてを愛への生贄としてとらえるのが大好きなのである。

インドでは、ヴェーダの司祭が見事なヤジュニャ、すなわち神聖な火の儀式をおこない、ラクシュミやカーリー、そしてガネーシャなど鎮座する神々に祈る。所々でギー［訳註 インドの液状のバター］やミルク、米、ターメリック、そして色とりどりの花が火にくべられる。神に自分の問題を投げかけるだけでなく、お返しもしてもいるのだ。

人生も同じ見方ができる。

良き友人であるクリスティアン・ノースロップ〔訳註　アメリカの医師でありベストセラー作家。『とんでもなく全開になれば、すべてはうまくいく』の序文を書いている〕は数年前アルゼンチンに滞在中、歩み寄ってきた誰かに、大事にしていたダイヤモンドのネックレスを首からひったくられた。無理もないが、彼女はひどく震えた。でも私は本人からその話を聞いたとき、こう言わないではいられなかった。「クリス、あなたはものすごく大きな転換期にいるのよ。いらなくなったものを本当にたくさんふり切って前に進んでいるって、わかってるでしょう。もしかすると、新しくやってくる時間の代償として、カーリーが生贄をとっていったのかもしれないし、このすべてが途方もない祝福かもよ。彼女が代わりに何を運んでくるか、誰にもわからないじゃない」

クリスがどう応じるのかわからなかった。でも彼女は認めて肩をすくめ、〝喪失〟についてすぐにホッとしていた。

最大の破滅的状況に陥っているときでさえ、捧げることと生贄についてのこういった考え方が、とても大きな慰めや助けになることがある。

北カルフォルニア火災では多くの人が家を失いましたが、私もそのひとりです。また、ここで収入のほとんどを失った経営者のひとりでもあります。というのも、私のクライアントたちも火災の被害に遭ったからです。でもどうにか、私は経済的に支えられてきています。連邦緊急事態管理庁からふたつ補助金をもらえたのは、奇跡でした。それから友人たちが慈善サイトを始め、私たちは再建に役立つ低金利の融資を得ました。

でもこれらすべての贈りものがあっても、私は怯え、途方に暮れていました。でも今はわかりますが、これはむしろエゴの概念……自分が思う自分を失うことへの恐怖なのです。

だから、あなたの生贄の概念には感謝しています。この挫折をそのようにとらえて祝福できるなら、私は空っぽではなく満たされた気持ちになります。もしこの惨事が生贄となるのなら、自分はより大きな何かの一部だとわかります。あんな経験をした今、自分を通して神の豊かさがやってくるにまかせよう、と思い出せるこれがとても気に入っています。何もかも自分のものだと考えるのとは対照的ですね。

お金の恐怖を手放す

お金の恐怖を手放すことにかんして最後に、この第四週を体験中の人たちからのお便りをいくつか紹介させてほしい。似たような問題があなたにも起こっていると気づくかもしれない。

コンピュータに洪水

息子が私の新品のマックブックに水をこぼしてしまって、翌朝ひらいたら、電源がオフにならなくなっていました。大パニックです。

アップルに持っていくと、おそらくマザーボードが原因だろうけれど、後から知らせると言われました。費用はゼロか……八百ドルです。

人生で初めて、私は神にすべて捧げると決意し、そして結果がどうであれ自分は大丈夫だと思うことにしました。不安がやってくるたびに、あれは神さまの物だと自分に言い聞かせました。四日後、費用はゼロだと言われたときの私の興奮、想像してみてください。こんなふうに考えられるよう助けてくれて、本当にありがとう。

次のお便りのテーマは、ものごとが整うのを待っているあいだですら捧げることについてだ。

途中で安らぐ

これはすごいですね。私は毎日すべてのステップをしていて、お金はどんどん減っているのですが、新たなチャンスが現れつづけているのです！　こんなに平和な気持ちになるなんて、長年なかったことです。

私は人生でお金にかんして楽な経験をしたことがありません。今ほとんど持っていないのにリラックスしているなんて、私にとっては信じられないことなのです。シフトは起こっているけどまだあちら側にたどりついていないとき、どうその〝途中〟の状態でいるかを、私は学んでいるところです。

あなたもそれと似たような経験をしているかもしれない。たぶん試されるのは、何をしようとお金がどうしても流れ出つづけるときだ。入ってくるかもしれないが、すぐに出ていくのだ。でもパニックにならないで。ひょっとすると、宇宙があなたをパイプでいることに慣らしているだけかもしれない。お金は後から積もっていくこともある。

さて、お金の恐怖についてもうひとつ紹介しよう。

しでかしたミス

最近、在宅ビジネスの会計でしくじってしまい、私は助けを求めて祈り、これでついにお金の不安が癒されると思いました。そして、しくじりが見つからないように、気づけば守護を求めていました。

でも私は、お金を自分自身のものと見なさないあなたのやり方が大好きなのです。もしあのお金が私のものでないなら、なぜ守護を祈る必要があるのでしょう。重要なのはただ、ミスをした自分をゆるすことだけでしょうか。

手際よく捧げると、「こんなひどいことが起こってしまった。どうか隠して！」から、「これをあなたにお渡しします。しかるべき行動が示されますように」へと意識が移る。

その違いはあなたも感じると思う。

失敗はすべて捧げて、こう言えばいいのだ。「わかりました、神さま。何が起こったか、あなたは知っています。あなたはすべての供給者です。私はこのしくじりについてのありとあらゆる恐怖を、あなたに渡しています。すべてがあなたの意志のままに、至高のことのために起こりますように」

そう、お便りの人の言うとおり。自分自身をゆるして間違った方向に行くわけがない……ついでに言うと、ほかの誰をゆるしても。

何も起こらないとき

もしかするとこの週の終わりに、あなたはこう言うかもしれない。「ええと、私はこの方法を使っていて、素晴らしいエピソードを聞いているけど、私にはまだたいして何も起こっていない。何を間違っているんだろう」

何も。ただリラックスして、各ステップを続けること。

もしもっと何かする必要を感じるなら、さらに深く捧げよう。家でさらにほかの片づけスポットを見つける。コード瞑想をもう一度するのもいい。私を変えてください・豊かさのための祈りフルバージョンをくり返し、「私は楽に受けとれます」と言う。ひとつかふたつ豊かさを実演し、神の箱を用意し、あるいはココナッツを叩き割る。

人によっては、自分が何か間違ったことをしているという考えがしつこいせいで、何が何でもそういう気持ちになってしまうことがある。まわりをじっと見て、「ああ、みんな正しくやっている。なぜ自分だけできないんだ」と思うのだ。

そのすべてをただ祝福し、手放そう。

神の選択の法則には、神のタイミングも含まれている。その意味は、目に見えようが見えまいが、すべての遅れは有益である、ということだ。あなたがリラックスしてひらいてくると、ものごとはしかるべきタイミングに意外なほど楽々と揃ってやってくるようになるが、それはすべて神の時計で動くからだ。

みな各々の魂の知性によって描かれた唯一無二の聖なる道にいるのだから、あなたはこのプロセスをあなた自身のペースで進んでいく。人によっては、ここまでの前半で、心が静まり、家がきれいになり、安堵感がもたらされているかもしれない。けれどもそれ以上のことは、わからないかもしれない。

とはいえ――くり返し見てきたことだけれど――突然、二、三か月後に、ドカンと来る。とてつもなく大きな切り替わりが、どこからともなくやってくることがあるのだ……なぜならあなたの準備ができたから。あなたは自分自身のタイミングで花ひらく。だから、今この瞬間に集中しているように。あなたは豊かさの入れ物を構築中なのだ。

さしあたりきょうは、次のふたつの質問で充分だ。あなたは何を片づけるよう導かれていますか？　そして、何を手放しているところですか？

WEEK FIVE

THE FORGOTTEN INNER KID

第5週

忘れられたインナー・キッド

〝おとな〟……退化した子どもを意味する言葉である。

――ドクター・スース

第五週では、引き続き五つのステップとコードの切断をおこないながら、豊かさの物語のなかで非常に重要で、しばしばおろそかにされている部分に取り組んでいく。それは、あなたのインナー・チャイルド、内なる子どもである。インナー・チャイルドはお金にかんする恐怖の原因になっている場合が非常に多いので、これから深くつながっていく。

インナー・チャイルドの声を聴く

クロードは、物質的に寛大な家庭で育ったことに感謝していた。しかし本当に欲しかったのは、誰か――誰でもいい――彼の目を見て、「今日は何があったの？　クロードがどんな気分かとても聞きたいな。クロードのためにありったけの時間をとってあるよ」と、言ってくれる人だった。しかしそれは彼の子ども時代にはけっして起こらず、成長するにつれ、気づけばそんなことが起こるとは信じられなくなっていた。

やがて彼は、その状況について怒ったままでもいられるし、あるいは自分自身でその子が必要とすることを与えはじめられるとわかった。ちなみに、多くの人が前者である。(四十歳になっても、三歳のときのことに腹を立てている)。驚いたことに、ふたをあけてみれば彼のインナー・チャイルドは、愛と関心を注がれることを喜んでいた！

結局は、あなたなのだ。あなたが、救済者なのだ。あなたが誰であろうと、あなた自身の内にいるおちびさんは、あなたを待っている。

私もクロードのように、幼い頃、話を聞いてもらえないとよく感じていた。そして、その恥ずかしがりでひとりぼっちの女の子に、「全部お話してごらん。いくらでも聞くよ。どこにも行かないし、急いでもいないからね」と、話しかけられるようになった。それが、今でも彼女が世界一好きな言葉なのだ。「いくらでも聞くよ。急がなくていいからね！」

私たちの暮らすカフェイン漬けのマルチタスク狂の世界で、どれだけの人があなたに、「必要なだけ時間をかけていいよ。あなたを一心に見てるから」と、心から言うだろうか。愛しあっているパートナー同士でさえもしばしば、ほかに十四のことをこなしながら、さっさと近況報告をすませようとする。

誰かに完全に寄り添うというのは、驚くべき贈りものだ。そしてそれをあなた自身の内なる子どもにしてあげるとは、なんと格別な喜びだろう。ときどき私のインナー・キッドは、自分の話すことを一言一句、書き留めてもらいたがる。まるで口述筆記をしているかのようだ。気づけばこれが、私たちの関係にとっては、物を買ってあげるよりもずっと重要だった。

美しい物は私もたしかに大好きだけれど、買い物への強い衝動がある人は（ついでに言うと、どんな強迫観念でも）、通常は、より根深い空腹感が奥に潜んでいる。その解決は、自分自身を叩いたり叱りつけたりすることではない。その子と心を通わせることで、やがてその子の最大の盟友となることなのだ。

心を通わせるための瞑想

まず、両手と指をぶるぶる振ってください。そして両脚を振ってください。自分のエネルギーを振りはらいましょう。日中についたものを何であれ手放し、それからエネルギーを内側へと戻します。

呼吸を意識して、身体が落ち着くのを感じてください。地球の上で、あなた自身をリラックスさせてあげましょう。思考が静まるのを感じてください。

あなたのハートのなかに、愛の力をイメージしましょう。神や女神、またはただ光が見えるかもしれませんが、あなた自身の偉大なる自己として、それを内側で感じましょう。たとえあなたが忘れても、その愛は残ります。いつもそこにあるのです。

それから、あの幼い子どもをあなたのハートのなかに招待してください。何歳でしょうか。三つかもしれませんし、六つか、十歳かもしれません。またはもっと上かもしれません。

その子を入らせてあげましょう。その子が話を聴いてもらって、見てもらっていると感じだすように、あなたはこれからちょっとした瞑想をします。それを、その子に知らせてください。あなたは本当に、その子に完全に向きあいたいのです。

長いあいだ秘密の場所にこもりきりで感情を出さない野良の子猫のように、その子のことを感じる人もいるかもしれません。または、その子がぴょんと跳び出てきて、すぐに姿が見える人もいるかもしれません。その子は恥ずかしがり屋かもしれませんし、陽気で騒がしいかもしれません。

あなたはその子の聖なる世話人であることを感じましょう。そして、その子が欲しくてたまらない時間と関心を、あなたがようやく与えられるとはなんという光栄でしょう。その子はこの瞬間あなたに望むことを言葉で告げるか、何かの方法で伝えてきます。あなたの太ももに上がって、身体をすり寄せたいかもしれません。おしゃべりしたいか、またはただそこに腰をおろしてあなたを眺めていたいかもしれません。その子があなたに知らせます。

その子に教えてもらいましょう。たった今、何かが怖いの？　何があったの？　善悪を決めつけたり見下したりせず、その子が話すゆとりを与えましょう。あなたはただ耳を傾けています。抱っこしているかもしれません。何が怖いか教えてもらってください。

そして感じましょう。あなたは自分自身の賢くて明晰な部分に、その子を慰めさせ、安心させてやっているのです。お金のことは今すべて神に捧げられていて、あなたは別の生き方を学んでいるということをとくに知らせています。また、これからはあなたがその子をお世話し、話を聴き、慰めていくということも。

そして、必要なものごとはすべて満たされます。

少し時間をとって、ただそこに浸りましょう。もしもっと何か言う必要があるなら――その子が不信感を抱いていたり、あなたのことがよくわからないと思っていたりしたら――これからは神さまとつながりながら、あなたが寄り添っていくと再度伝えましょう。そして、たった今何を感じていても大丈夫だということを、知らせてください。

その子は小さい頃のわだかまりや、もっと最近の何かを見せるかもしれません。あなたが長年ずっと姿を見せてくれなかったことに、怒っているかもしれません！　その子は何かに腹を立てているでしょうか。最後まで話を聴いてから、こう知らせましょう。どんな気持ちも感じて大丈夫だけれど、違う時間が今やってきつつあって、その子が必要なすべてがついに満たされると。あなたはとても長いあいだ、〝去っていた〟ことを謝らないといけないかもしれません！

何が出てきても、あなたはひとつの節目を越えたところで、本気で向きあっているから大丈夫だと伝えましょう。けれども、その子はあなたを信頼するのに必要なだけ時間をかけられます。急ぐことはありません。そしてとくに、これからはお金にかんする一切があなたの賢い自己の手中にあるので、その子が気を揉むまでもないということを知らせてください。

その子にひとつ約束をしてください。小さくても大きくても、その子が望むことです。そして準備ができたら、ゆっくり戻ってきてください。少し時間をとって、起こったことを書き留めておきましょう。

その子の味方になる

人によっては、人生が日々かんしゃくのように感じられ、そのすべてがあの哀れなほったらかしのおちびさんから発せられていることがある。これはお金だけでなく、人生のあらゆる側面に影響を及ぼす。自分の内に目を向けると、腹を立てていたり、寂しがっていたり、または絶望している子が見えるのに、それがおとなの自分とはまったくかぶらない、というのはよくあることだ。その内なる見捨てられっ子こそが、愛を求めて泣いているのだ。その子を大切にいたわりはじめたとき、ものごとがいかに変化することか！

私のインナー・キッドは、よくお金の殉教者のような感じがするのですが、私の母にそっくりなのです。どうすればうまく対処できるでしょうか。

まず、母親の感情パターンが再現されないように、母親とのコードをとり除く必要がある。その後、あなたとその殉教者的インナー・チャイルドとのつながりを癒し、強めることができる。その子に自分は何かを必要とするに値するのだと伝えて安心させ、ノーと言えるよう助けること。殉教者はみな、健全な境界線を身につける必要がある。

次第にあなたは、無力感と激怒を行ったり来たりしているその小さな被迫害者と同一化するのをやめ、その子をいたわる愛情あふれるおとなになる。続けていけば、本当にその子の思いやりある後見人になれるのだ。

この後見人としての姿勢は花のように有機的に育ち、しばらくすると、あなたは自分の感情の切り替わりに驚くことだろう。インナー・チャイルドは耳を傾けてもらっていると感じはじめ、やがて関心を求めてひっきりなしに金切り声をあげることもなくなる。たとえあなたの内なる子どもが、何年もほったらかしにされた挙句諦めてしまって、無感覚な自暴自棄の状態でじっとしているように思えても、心配しなくていい。望みのない状況などない。神は何にでも働きかけることができるのだから！

インナー・キッドというのは、何も新しい考えではない。カール・ユングやジョン・ブラッドショーにまでさかのぼり、多くのセラピストやヒーリング法が何十年もそれに取り組んでいる。しかし、自分の内にはかまってもらいたがっている小さな子がいる、と頭で知っているのと、本気でその子をいたわるのはまったく別のことなのだ。

多くの人がその幼い子をじれったくイライラした気持ちで扱う。「とにかくおとなになったらどう？」、「何が問題なの？」、「うまくやってよ！」。でも往々にして、彼らは育つ過程でされた話し方を、そのままオウム返しするようになる。けれど別の道もある。つまり、忍耐と愛をもってその子を扱うのだ。

これは習得可能なスキルで、神の助けがあればなおのことだ。もしその子が泣いて求めているあなたの愛をもらえていないなら、いくら表向きかまってやったり甘やかしたりしたところで、何もうまくいかない。最高のパートナーや親友でさえも、あなたが内側で与えるものを補うことしかできないのだ。その待ちつづけるか弱い子を守る最前線に立つのは、あなたなのだ。

そしてこれは抑えこんだり、もみ消したり、または幼稚なふるまいはやめろと発破をかけることではない。

要は内なる優しさと思いやりである。

この子は買い物中毒です！

あなたが味方になるに応じて、その小さな子が怯えたり寂しがったりするとどう態度に出すかが、わかるようになってくる。無駄遣いは、その多くの形のひとつだ。

私の一部は、しょっちゅう服やアクセサリーを買いたがっています。もし似たような物はもう絶対に買わないとしても、すでにたくさん持っています。自分ではどうにもできません！　どうすれば抑えられるでしょうか。

あなたのインナー・チャイルドはただスカッとするためだけに、服やアクセサリーを買いまくることで主導権を握っているのだ。代わりに、その子がわめきだしたら、「そうね、少し買おうね。だけどあなたに時間と関心を注ぎはじめたいの」と言おう。そのうちその子は、古いやり方でむなしさを埋めあわせようとするのをやめるようになる。

叩いたり罰を与えたりするよりも、その子と話をして乗りこえていくほうが効果的なのだ。愛ある親ならば五歳児に、「さあ、急いであの店に行って、丸ごと買ってきなさい！レジで待ってるから」とは言わないだろう。代わりに、「本当に好きな物をひとつかふたつ、見つけてきなさい」と、言うのではないだろうか。大抵の子どもが実際には、思いやりある境界線があってこそ健やかに育つ。

もしその子が延々と放っておかれてきたなら、「なぜ全部もらっちゃいけないの？　愛もいたわりもあなたたたから全然もらえないんだから、代わりに百個の物をちょうだい！」と、言うかもしれない。安全で話を聴いてもらえているとその子が感じられるようにすることが、すべての違いを生むのだ。

私は稼ぎ以上のお金を使っていて、これではもちません。お金への接し方において、恐怖が根っこにある子どもから、成熟したおとなになりたくてしかたありません。欲しい物が手に入らないと思うといつも、大きな剥奪感を覚えます。しばらくうまく使わないでいられても、かえって買い物欲に火がつきます。そして自分の行動パターンを変えられないことで、恐怖に陥ります。

この問題を抱えていること、そして強烈な羞恥心とパニックとを行ったり来たりすることに、疲れきっています。

ひどい金銭癖に溺れてきたことを理由に自分自身を責めるのをやめるには、どうすればいいでしょうか。

インナー・チャイルドが破滅的な金銭的決断をさせることは、案外よくある。しょっちゅうだ！　第一歩はゆるすことで、次のように言うのはとても効果的だ。「聞いて、過去のことについてあなたをゆるしたい。だってあなたはほんの子どもだったから。そして怯えていた。しかたなかったよね。でも今からは、神さまと私がお金を扱うからね！」。その子のことを責めるのをやめられないなら、やめられるよう祈ることもできる。

それが、神なる源の美しさなのだ。神がすべての源であり所有者だと知ると、喪失の後には獲得が続くことができる。二十年前に失ったお金のことで、その子を叩くのをやめられる。そして代わりに、こう思ったらいい。「よし、起こったことはしかたない。私はついにこの子のいたわり方と、解決のために金銭面のすべてを捧げる方法を学んでいる」

そのおちびさんをいたわる

人によっては、その子を優しくお世話しはじめると考えただけでゾッとする。私を変えてくださいというお祈りは、そんなとき役に立つ。「親愛なる神さま、この子を愛する第一歩を示してください。私の準備を整えてください！」

オルガはこの作業に強い嫌悪感があると認めた。その柔らかくて無防備な部分をいたわれるようにならないといけないと思うと、ムカムカ腹が立ったのだ。それで、誰かが現れて代わりにやってくれないだろうか、と考えた。

しかし、外側は内側を反映する鏡だ。本人がこの見捨てられた部分をとり戻そう、いたわろうという気にならない限り、ほかの誰にもできないのだ。私はアドバイスとして、怒っていることを理由に自分自身を責めるよりも、身体のエクササイズをしたり何かを壊したりして、怒りを物理的にとり出してはどうかとすすめた。オルガにとっては、それが内側での愛あるつながりをつくる第一歩となった。

インナー・チャイルドへの内なる優しさと愛がいかに神に至る究極の道たりうるか、それは案外と最大の驚きのひとつかもしれない。以前、多くの人からよく、「私は神さまとのつながりがなくて、見捨てられて希望がないような気がずっとしている」と言われた。そして私は、「今はそのことは心配しないで。とにかくその子に集中して、お世話してあげて！」と答えていた。

すると、とてつもない奇跡が起こったものだ。

彼らはすぐに、そのほったらかしの子に注ぐ無条件の愛とゆるしは、じつは内なる主《しゅ》からじかに来ていると気づいたのだ。インナー・チャイルドは、和合に至る強力な近道となった。

インナー・ドッグ

もしもあなたが何かの理由で、インナー・チャイルドという考え方に共感できないなら、代わりにこの方法を試すといいかもしれない。

あなたがインナー・チャイルドをいたわることについて話しているとき、私は自分がインナー・チャイルド・ワークにどれほど抵抗があるか気づきました。……そこで代わりに始めたのは、内なる動物に取り組むことです、今ではそれを、私の心のはぐれ犬、と呼んでいます。

はっきり気づいたのですが、私は食べ物や水、そして暖炉のそばの心地いい寝床を必要としている、はぐれ犬と一緒にいたのです。そして自分がどれほど気楽に、そして愛情をもってそういった物を与えたかったかがわかりました。その犬は忠誠心や勇敢さ、私を守っていること、そして家を守っていることを褒めてもらう必要がありました。また、任務が必要で、自分の境界線とは何かを知り、自分は大丈夫で、愛され、そして仲間がいると知る必要もありました。私は、彼がいかに良い子かということ、そしてもう捨てられっ子じゃないということを伝えました。

内なる犬、ありがとう！　私を守ってくれてありがとう！

もしかすると、ＤＯＧ（犬）を並べかえるとＧＯＤ（神）になるのは、おかしな偶然ではないのかもしれない。人によっては、どんな種類でも内なる動物には、インナー・チャイルドよりものびのびとつながれることがある。（あるいは、インナー・チャイルドが前に出てくるまでの最初のステップになる）。とくにもし、あなたが自分自身に残忍だった過去があるなら、大好きで大切な内なるペットを想像することで、大きな切り替わりが起こる可能性がある。人は往々にして、自分自身には普通なら絶対にあげられない無条件の受容を、動物には惜しみなくあげられるものだ。

何年も前、長距離走者のモーリスは、ケガをするときまって自分自身を容赦なく酷使し、罵倒していた。傷が治るよう休みをとるということが本当にできなかったのだ。しかし動物を愛する者として、この内なるペットという考え方にはじつに深く打たれた。自分の愛するコーギーが病気になったからといって、絶対にぶったりしないし、むしろ快復するまで優しく扱うとわかったからだ。そして、自分の内なる子犬も同じように扱われるに値すると理解したのだった。

塀を倒す

インナー・キッドのなかには、コンタクトされるとすぐに駆け寄ってきて、遊んだり心を通わせたり、気にかけてもらったりすることにワクワクしている子もいる。でもそれと同じくらい多くの子が、当然ながら、長年傷つけられるか無視されてきたことにカンカンに腹を立てているものだ。そのような場合は、仲直りのために忍耐を要する期間が発生してもしかたない。

なかには、あまりに長く見捨てられたと感じているために、すぐに見つからない子すらいる。たぶん隅っこに隠れているか、秘密の場所に閉じこもっているのだろう。そういう子たちは、かならずしもすぐに抱き寄せてもらいたがるとも限らない。

そこで秘訣を言う。もしその子が怒っていたり警戒していたりするなら、そのように感じる必要があるのだ。デレクのインナー・キッドはあまりに傷つき、失望していたので、最初にコンタクトを試みているときは目をこちらに向けもしなかった。やがてデレクは、その子の苦しんだすべてに対して謝罪の手紙を書いた。二週間後、瞑想をしていると、その子はしぶしぶとやってきて近くの椅子に座った。でも依然しゃべろうとも触れてこようともしない。時間を経て、デレクに嘘偽りがないとはっきりわかったときに近寄ってきて、最終的に本当の友情が芽生えたのだ。

あなたの場合がどうであれ、今の状態から始めよう。

そして誰もがどこかから始めるのだ。

感謝のもと

インナー・チャイルドに焦点をあてられるようになると、彼らがありがたさへの気づきを生まれながらに備えているとわかってくるだろう。あなたは知っているだろうか。ほんのちょっとしたことをしてもらっただけで、七回ありがとうと言う子がいることを。彼らは地面から拾った適当な石ころをもらっても、すっかり大喜びする。

あなたと再びつながれて、熱烈に感謝すらするかもしれない。マリーナは瞑想中に、扉の鍵をあけて、自分の栄養不良の見捨てられっ子を長年の監禁から解放するのを鮮明に見た。最初、少女は足を引きずりながら光のなかへと入っていき、そのときは頭が混乱するあまりしゃべることもままならなかった。それにマリーナにとても長いあいだ置き去りにされていたことを、カンカンに怒ってもいた！

しかしマリーナは献身的に少女のもとに戻り、癒えるのに必要なだけ時間をかけていいと約束した。そんなある日、瞑想中に、ついに少女が幸せそうにハイハイしてマリーナの太ももに上がり、ハグを求めるのが見えたのだ。マリーナは囁いた。「永遠にあなたのお世話をするからね、私のかわいいお姫さま。もう二度と見捨てられることはない」

内なる騎兵隊

人によっては――とくに女性――、感情面、金銭面の両方で自分を救ってくれる恋人やパートナー、または友人をいまだに待ちつづけていることがある。でもその切々たる望みは、往々にしてインナー・チャイルドのものだ。世界一気前のいいパートナーが伝説の白馬に乗ってやってきたとしても、もしあなた自身の内なるいたわりが始まっていないなら、依然として安心できないだろう。初めはいつも、あの子どもとの内側での仕事なのだ。誰にとっても。

「私を助けて、救って！」と、その子が泣いているときには、「もちろん、私はようやくあなたのための素晴らしい親になっているところだよ」と、応じられるようになろう。おとなのあなたが尊厳をとり戻し、飢えた孤児のように世の中をわたり歩かなくなったとき、ほかの人もあなたに与えたがるようになる。内側への寛大さは、外側での寛大さをもたらすのだ。

「このか弱い子をいたわりはじめさせてください。親愛なる主《しゅ》よ、私をひらいてください。

たとえもし私が最初は渋っていてもです。この子をお世話すればするほど、豊かさがやってきます」と言おう。

通常、「これが欲しい、あれが欲しい、必要なものが手に入らなかったら、どうなるの？」と、世の中にしがみついて大声をあげているのは、インナー・チャイルドだ。めそめそしながら（だいたいはもっともな理由をつけて）、「どうして私はいつもごまかされている気がするのかな」と言っているのは、インナー・チャイルドなのだ。あなたがようやくその子を慰めはじめたとき、あなたをとりまく世界がおのずと形を変えるのである。

とにかく自分を愛する

さて、インナー・チャイルドとのつながりは、ただの果てしない自己耽溺ではない。「よしわかった、今日あなたは悲しいんだから、すっきりするようお金を一気に使おうね」と言うことではないのだ。むしろ、その子を愛し、支え、虐げるのをやめるという内なるサンカルパ——意図や誓いを意味するサンスクリットのあの美しい言葉——を立てることである。

「私はいつも自分に厳しくて、自分に対してものすごく期待があります」と、ダナはお便りをくれた。しかしインナー・チャイルドを思いやりと優しさをもって扱えますように、と祈ったら、世界が丸ごとひらけたという。

この章の冒頭で書いた、服やアクセサリーをとめどなく買う女性についてだが、インナー・チャイルドから買い物特権をすべて剝ぎとる必要はないだろう。代わりに、「そうね。週に一度、何か買おう」と、言ってもいいかもしれない。または、クローゼットの片づけをするときに、仲間に入れるといいだろう。インナー・チャイルドは仲間に入れてもらえるのが大好きで、その方法はたくさんある。仲間に入れれば入れるほど、うっとうしい作業さえも楽しくできる。

私の友人に、結婚式から一年経ってもお礼状を送れないままの人がいた。彼女は毎日、自分のことをあまりに無責任だと責めたてていた。しかしとうとうそのすべてを神に捧げると、助けようと待ち構えているインナー・チャイルドが見えたのである。

そこで彼女とその子は、パーティをすることにした。「礼状よ、行け」と題した夕べに寿司と酒をノンストップで出す約束で、友人の女性カップルを雇った。彼女たちは食べ、飲み、音楽をかけ、切手と封筒の流れ作業ラインをつくった。そして二十通つくりあげるごとに、ダンス休憩をとった。彼女のインナー・チャイルドは、最高の時間を過ごした！

これは決まり事の実行と罰則のための新法則とは関係ない。あなたが健全な境界線を設けるにつれ、インナー・チャイルドは支えられていると感じはじめる。するとあなたは自分の金銭事情に適した形で、その子に与えることができるのだ。インナー・チャイルドは自分が大切に育まれていることを感じはじめると、もう何かをひっつかもうとはしなくなるものだ。

そのほかにも、永遠の若さのカギはひとつにインナー・チャイルドとの自由奔放で、正直で、愛ある心の交わりだ。すると身体の実年齢がいくつになろうとも、あなた自身の創造力や遊び心、それに気ままさが失われることはけっしてない。

そしてインナー・チャイルドは、あなたの献身的ないたわりと配慮という陽光のなかで、幸せに花ひらいていくのだ。

インナー・チャイルドに読み聞かせ

自分がもの書きだからかもしれないが、私はインナー・チャイルドに読み聞かせをするというアイディアがとても気に入っている。

私はインナー・キッドと一緒に児童書の朗読を聞きながら、自分の気持ちを言葉にして彼女に伝えます。お腹のあたりで感情がキュッと動くのに気づくと、「あなたはとても怒っているのね！　じゃないとしたら、今とても悲しいのね」と、話しかけます。彼女に波長を合わせて気持ちの変化を言葉にして、それを彼女がリラックスするまで続けます。この文章を書きながらでさえ、私は自分の内側でため息をついています。誰かにようやく見てもらえ、そして耳を傾けてもらえていることに、彼女がホッとしているのです。彼女はリラックスできていて、抱っこもさせてくれます。

そう！　内なる子どもの気持ちは、あなたに映し出されることがあるのだ。すでに感じていることをなぜ感じるべきでないかを言い争うよりも、むしろその子の経験をただ目の当たりに見て、受け入れよう。この小さな子は非難されることなくそのままを認められたとたん、確実に落ち着く。

ただその子をまっすぐ見よう。その子は耳を傾けてもらって、感じてもらいたいだけなのだ。

さらに言うと、もしその子に気も狂わんばかりに心底フラストレーションを感じさせたいなら、深い感情を抱かないよう説得を試みたらいい。少年たちはよく――一部の少女もだが――、恐怖や悲しみを抱くことを拒めと言われている。しかし感情があることを認められ、解放できるほうがどれだけ健全だろう。

感情のもつれ

インナー・チャイルドは、あなた自身の悲しみや罪悪感、羞恥心、あるいは憤りといった気持ちを通じて、自分自身を知らせることがある。だからときにあなたはつらい感情に浸り、「ああ大変。うちの子が助けを求めて叫んでいる！」と、自覚することがある。いくつか例を紹介しよう。

秘められた傷

数年前、一週間の滞在型ヨガ・ワークショップのため、カボ・サン・ルーカスに行った。日中はずっと元気にヴィンヤサ〔訳註　呼吸に合わせて流れるようにポーズを変えていくヨガ〕のクラス、夜は星空のもとであったかいお風呂。これぞ私の考える天国だった。しかし途中で、私のおちびさんがハンドルをひったくったのだ。

近くの町への散策があったある日のこと、グループ用バス一台と乗用車二台で行くことになり、私は知っている女性に乗せてもらえるかと聞いた。

それで、聞いた瞬間、彼女は自分だけでいたいのだとなんとなくわかった。でも彼女はストレートに断るのではなく、やけに変な態度になったのだ。（あなたもたぶん経験があるだろう。その場に突っ立ってひどいエネルギーを浴びている状態。突然六歳になって、遊び場に戻っていて、誰にも仲間に入れてもらえない感じ）

私はすぐに撤回して、「心配しないで、私は行かなくてもいいの！」と言った。

さて、私のより賢い部分は、「ねえ、この遠出は全然必要ない。ここに残って書きものをしたらいい。誰かに無理を強いる必要はない」と、愛が言っているのがわかった。

でもそれで苦しみがとり除かれたかといえば、あぁ、全然。この一件が起こったのは、よくのけ者の気分でいた内なる独りぼっちの少女を呼び覚ますため、と言ってもいいくらいだ。

みんなが去った後、彼女は泣いて、泣いて、小さな目から何時間も涙をこぼした。でもじつを言えば、ホッとしたのだ。感じてよいという全面的な許可つきで、忘れられた痛みの主脈を探り当てて。私はお腹を抱えてベッドに横たわり、すすり泣いた。「痛い、痛い……」。やがてその少女はベッドの上でくたくたになり、疲れてはいてもハッピーになっていた。

なおざりにされた傷を素早く効果的に焼灼《しょうしゃく》すべく、たぶんこの出来事は神によってじつに見事に練り上げられていたのだろう。夕食までには、私は自分の気持ちを傷つけたあのぞんざいな女性に、感謝すらしていた。もしも彼女のことを嫌っていたら、肝心な点を見逃していただろう。

あのおちびさんに、慈しみと愛を与えさせてください。あの子の最も深い欲求と気持ちに、応じさせてください。

テーブルの下で

自分はお金に値しないと感じている人は衝動的に散財することがある、という話を以前あなたがしていました。それについてもう少し聞かせてくれませんか。私はときどき金銭的援助を受けてきたから思うのですが、そこには羞恥心か、自分には価値がないという思い、または罪悪感があるのではないでしょうか。

もしすべてが神なる源であるなら、今日に至るまで、神がときどきほかの人の助けを介してあなたにお金を運んできていた、ということだ。その恥じ入っている子どもに、「ようやく私はあなたをゆるします。大丈夫。それがあなたの生き延びる方法だったの。そしてこれからは神さまが別の方法を示していくからね」と言えるなら、どれほどパワフルだろう。その子はまるで、助けを必要としてきた自分を屈辱的に感じ、テーブルの下にもぐり、垂れたテーブルクロスの陰に身を潜めているかのようだ。

あなたがそこに這っていって、その子に話しかけるのを想像しよう。「あなたはベストを尽くしたし、悪いわけでも自分勝手でもないよ」と、教えてあげるのだ。あなたが愛ある親になり彼女を守るということ、そして新しい金銭的未来が起こるということを約束しよう。

なんなら第三週のココナッツの儀式もするといい。儀式をして、お金についてのすべてを神に捧げ返すのだ。私を変えてくださいのお祈りを試してもいいだろう。「私は裕福でいるに値すると、わかりますように。私は充分持つに値すると、わかりますように」

なぜならあなたは値するからだ！

ラキアの再生

ラキアは次々に企業をわたり歩いて大金を稼ぐIT系のカリスマだった。それなのに一番羽振りのいいときでさえも収入以上の暮らしをし、とめどなく最高級品を欲していた──グッチ、プラダ、カルティエ──全部だ。そしてまったく貯蓄をしなかった。

その後、いきなり仕事がすべて消え、いっぽう贅沢暮らしの膨大な経費は残ったままという時期を過ごすことになった。やがてとどまる所を知らない浪費から、不安な無職へと転落。さらに数か月でウォーターフロントのペントハウスの家賃を支払えなくなり、ついにどん底に落ちた。結局、友人たちの家をわたり歩き、そこのソファを寝床に半年を過ごすはめになった。

ラキアは完全に屈伏した。それまではいつも、自分は何だって現実化できると思っていた。つまり、自分にはすごいパワーがあるので、普通のベンツだけなく、冬用のシートヒーターがついたやつでさえ引き寄せられると信じていたのだ。

しかしこの強烈なお試しがあって、ラキアはうわべだけでない真の降伏に移行した。

「親愛なる神さま、なぜこんなことになっているのかわかりませんし、こうなるなんてまさか思ってもみませんでした！　ですからお願いです。どうか私がここでの学びを受け入れられるよう助けてください。あなたがすべての源であると、信頼させてください。そして私はこの件を手放しますので、これにまつわることを解決してください」と、夜な夜な懇願して過ごした。

自分を明け渡すほどに、彼女はわかってきた。自分がこういう一流ブランドにしがみつくのは、母親にまったく評価されていなかったからだということが。それどころか、母親はラキアに見向きもしなかったのだ。ラキアは母親からの有毒なコードを断ち切る必要があるとわかった。そしてついに、その愛しい見捨てられっ子を、自分はまだまだ今ひとつな気がしてつねに自分を証明する何かを持っていたその少女を、いたわりはじめたのだ。それに、そもそもこんなゴタゴタの金銭状態に陥った自分を責めるのもやめた。

友人たちの情けによって生き抜いたこの期間、ラキアは初めて、自分の金銭事情を心から神に渡すことを学んだ。正直なところ、ほかに選択肢もなかった。その後、ある日いきなり、かつての雇用主が、友人のデイブ宅にいた彼女を訪ねてきた。そして、そこの地下室の擦りきれた緑色のソファから、文字どおり彼女を引きはがし、以前と同じ給料で仕事を提供したのだ。彼女はすぐに、また家を所有した――でも貯蓄ができるよう、以前よりずっと簡素な家だ。何より重要なことに、彼女はお金とのまったく新しい関係を手にしていた。

今や彼女は、お金は神のものだと心底わかっている。そのすべてを失うこと、そして一見どこからともなく、それをとり戻すことの意味をわかっている。彼女はついに、お金を神からの贈りものとして敬い、尊ぶようになったのだった。

それを引き裂いてやれ！

最大の神話のひとつに、スピリチュアルな人たちは絶対に〝悪い〟感情を抱くべきでない、というものがある。怒りや悲しみ、嫉妬、痛み――そのすべて――は抑圧されると、代わりに無意識のうちに、そこらじゅうにまき散らされることがしばしばだ。しかしこの内なる交わりの道では、すべての気持ちが歓迎される。それらを他者に押しつけることなく手放すための、シンプルな方法があるのだ。

感情はひとたび許可を与えられると、雷雨や、そのほか自然における力のようになる。つねに平穏でないといけないと考える理由はどこにもない。それどころか、感情はゆるされればゆるされるほど、天気のようにただ通りすぎていけるのだ。とはいえ、ある種の感情――とくに怒り――は、特別の配慮を要することがある。

もしあなたが怒りっぽいなら、物理的に怒りをとり出すと、ことが一変するかもしれない。激しい身体運動は、ただ話すだけでは無理な形で問題にまっすぐ届くことがあるのだ。人によっては、ハイキングや水泳、またはサイクリングなどの活発な運動が役に立つ。

でももしその怒りが非常に大きいなら、本当に何かを〝破壊〟する必要がある人もいる。私の持論では、もしあなたがものすごく怒っているなら、何か当たり障りのない物を壊すか潰すほうが、その射撃力を自分自身に送りまくるよりずっといい。

個人的には、私はお皿割りの大ファンである。この惑星で一番安いセラピーだ。もしあなたがブチ切れているなら、リサイクルショップに行って、古くて欠けたお皿かコップをまとめて買おう。それから自分だけになれる場所を見つけて、それを思いきり粉々にするのだ。なんなら叫びながらやるといい。（壊す物に名前を書き殴るのを好む人すらいる）。あたるなら、あなた自身のか弱い心よりお皿のほうがいい。その怒りは表に出るに値する。

エルザは離婚の後、耐えがたい憤怒《ふんぬ》を感じていた。そしてその腹いせを、大量のポップコーンを食べることで自分自身に向けていた。ところがそのせいで、ほとんど歩けないほどに病んでしまったのだ。私がこのお皿セラピーを試してはどうかと話したとき、彼女は、「ああ、そんなのじゃまったく足りない！」と言った。それで私は、自分なりの方法を求めて祈ることをすすめた。

翌日、彼女から電話があり、嬉しさのあまり舞いあがっていた。電話口でも、彼女のインナー・キッドがはっきり感じとれたほどだ。エルザはおよそ二十個のぬいぐるみをリサイクルショップで買い、ガレージに身を隠し（近所の人から、完全にイカレたと思われないため）、はさみとナイフでズタズタに切り裂いたのだ。詰め物がそこらじゅうに飛び散り、さながら猛吹雪である。

やがて彼女は床に倒れこみ、打ち首にされたテディベアに囲まれて、こらえきれず声をあげて笑った。いわく、人生で一番楽しい経験だったという。彼女が育ったのは、腹を立てることを絶対にゆるされない、きちんとした英国人家庭だったのだ。

もしあなたがこれを読みながら恐怖を覚えるなら、こう聞きたい。エルザがこれをする前は、あの暴力的なエネルギーは全部どこへ行っていたと思いますか？　まっすぐ彼女自身の哀れな身体と心のなかだ。（そしてもしぬいぐるみを引き裂くのがあなたには効かないなら、別の方法として、きつく丸めたマットレス・パッドを、野球バットでボコボコに殴ってみるといいかもしれない）

人はみなそれぞれだ。怒りは簡単に処理できるけれど、悲しみが瓶の蓋みたいにきつく詰まっている人もいる。なかには、怒りを使ってその下にある悲しみを感じないようにする人さえもいる。

母が死んだとき、私は何か月も泣けなかった。けれど流さないままの涙は私の内側で、間欠泉のように今にも噴き出しそうな感じだった。そしてようやく、悲しい映画、とくにアニメに、助けを求められると気づいたのだ。『ムーラン』、『カールじいさんの空飛ぶ家』、『レミーのおいしいレストラン』は、私を泣きに泣かせた。ほかにもたぶん二十個はリストアップできる。涙は心の氷が溶けるときの現象なのだ。

ニューヨーク・タイムズ紙に、ライターで映画評論家のケビン・リンカーンが、映画を観にいくことで泣く能力をとり戻した話を書いていた。彼は〝典型的なアメリカの男〟として、泣く能力を自分から押しやっていたという。（そうしてしまっているあらゆる性の人々に、私は会ってきているが）

彼は自分がいかにして泣かないようになったのか、男になるための通過儀礼として、じつに多くの少年たちがしている方法を書いていた。やがて映画という暗い安全地帯で、少しのあいだ座って、よろいを外してほかの人の気持ちを感じ、計画抜きに反応する〝ことを学び、自分自身の涙に慣れて楽になれたという。子どものとき以降初めて、自分自身の気持ちにつながって理解する能力が戻ってきたのだった。

セラピーを通じてこのつながりを獲得する人もいるけれど、私はケビンが映画鑑賞のようなシンプルなことを、いったんは放置されたあのインナー・チャイルドとのスピリチュアルな親交へと変えた点がとても好きだ。

残りの週で、あなたのインナー・キッドを知っていこう。隠れているその子を表に出し、耳を傾け、仲間に入れよう。忍耐強く、ゆっくりと、そしてぶれないように。その子の年齢に気づこう。人によって、とても幼いこともあれば、中高生くらいのこともある。(日によって年齢が変わったり、一回の瞑想中に姿形が変わったりするかもしれない)。もしあなたの内なる子どもが激しい怒りに満ちているなら、年齢に応じたふるまい方を心得ておくように――かんしゃく、無視、相手を傷つける発言、操作。すべて大丈夫だ。そういう感情を表に出させてあげるように。

そういったふるまいをどう扱えばいいのかよくわからないとか、結果が見えてこないとか、あるいは、日によって作戦がうまくいったりいかなかったりしてイライラするからといって、絶望してはいけない。ちょうど問題を抱えた親が短縮ダイヤルで友人に電話をしてアドバイスを求めるように、さっさと愛に捧げよう。根気強く続ければ、報われるものだ。つながりなおしていくなかで、創造性や喜び、そして充足感が深まっていく。その子を愛することで、あなた自身が不思議さに驚嘆する感性をとり戻すだろう。

ああ、親愛なるあなたへ、これを捧げます。
私と私自身の無防備なインナー・チャイルドとを隔てる塀が、倒れるままにします。
根気強く信頼心をもって私たちが仲直りする道を、示してください。
私は今までで最も、自分自身をいたわりたいのです！

WEEK SIX

THE CROWN JEWELS

第６週

至宝

無執着とは、何も所有すべきでないということではなく、
何にも所有されるべきではない、ということである。

——アリー・イブン・アビー・ターリブ

二十代の頃、マイケルという、バークレイにいるものすごい霊能者の所によく行っていた。彼は壊れたレコードのように、あることをくり返し言った。「あのね、いつも何か起こるものなんだよ」。自分はいつの日か（もし精神を狂信的に清らかに保てれば）、問題が一切やってこない秘密の場所に着地するという考えは、完全な狂気の沙汰だった。彼はこう言ったものだ。「これもまた過ぎ去る。でも忘れないで。過ぎ去って、二度目にはまた同じろくでもないこと――または、代わりの似たようなこと――を運んでくるよ。もし一度目でそれを受け入れなければね」

だからこそ、第六週では捧げることの本質へとさらに深く入っていく。そのベースは徹底的な受容であり、どんな瞬間も現実に対してイエスと言うことだ。それにより、必要なものごとが次にやってこられるようになる。豊かなあり方への扉が一気にひらくのだ。

今週は、私がよく目の当たりにしてきた、捧げることのカギとなる段階を学んでいく。

それにより、あなたも自分自身の変化の過程においてそれに気をつけられるようになる。でもまずは、三つの概念を掘り下げる必要がある。

三つの小さな宝石

「リラックスして。本当はすべてがコントロール不可能だから！」というメッセージつきの画像が、しばらくインターネットに出回っていた。たしかにエゴのレベルなら、これはまったくの真理だ。誰もが知っているとおり、変化は確実につねにある。だからもしエゴが導くと、当然ながら何かが変化するたびに、とくにその変化が〝ネガティブ〟に見えるならなおのこと、「だめ、私は手放さない。お断りです！」と、駄々をこねる。さもなければ、絶望か落胆に陥るものである。（そう、通常そういう反応をするのはインナー・チャイルドである）

そこで、どうそれを乗りきるか。そのおちびさんを慰めてなだめるほかにも、答えは三つの美しい言葉のなかにある。アパリグラハ（非所有）、ヴァイラーギャ（無執着）、イーシュヴァラ・プラニダーナ（ゆだねる）だ。古代インドの経典である『バガヴァッド・ギーター』と、パタンジャリの『ヨーガ・スートラ』では、これらは存在の至宝である。これらを獲得することは、オリンピックの金メダルを勝ちとるとか、アカデミー賞でオスカー像をかっさらうとか、あるいは女王からナイト爵を授けられるとかをはるかに超える褒美なのだ。この宝石に美しく飾られはじめるとき、あなたは自由に向かう道の上にしっかり足をつけている。

ときどき、「ああ、私はゆだねようとものすごく頑張っている。手放せない自分を責めてばかりだ」と、言う人がいる。エゴはこれをとにかく難儀な仕事にしたがるものだが、それだと単に行為者主体や迷いが増すだけだ。しかし重荷を愛に捧げるに応じて、これらの神聖な質を招き入れることになる。するとやがて、これらはやってくるものなのである。実際、これらは習慣的に実践していけば、誰でも手に入れられる。「神さま、ムリです。私にはできない！　私に取って代わって、手放せるよう助けてください」と言えばいいのだ。ただし道の途中での自己受容は（それと天真爛漫なユーモア感覚さえも）、非常に重要である。あなたの人間性は、流れと同調することを学んでいるところだ。インナー・チャイルドに「大丈夫。心配しないで。すべて展開していくから」と言い、優しさを差し伸べつづけよう。

この時点であなたは、「その人間性っていったい何？」と、思っているかもしれない。まあ、あなた独自の個性、小我、あなたとしての個人的表現のことだ。この作業のコツは、偽りのない人間性をその燦然《さんぜん》たる輝きのままにしながら、同時にあの内なる神に服することなのだ。大我と小我の切り替わりにおいて、祈って捧げれば、やがてあなたは流れるようにそのふたつを行き来するようになる。

ひとたび地球での転生を充分に経ると、あなたは老成した魂として、これらの宝石をかつてなく深く心から望むようになる。これらはまさに、神の平和なのだ。そして、実際そう切望すること自体が、これらを獲得するチャンスをもたらす。あなたは非所有と無執着、そしてゆだねる能力を発達させるための、自分だけのためのオーダーメイドの機会を手にする。

プララブダ・カルマを覚えているだろうか。人はみな、この地球学校で自分専用の勉強プランを持っている。多くの老成した魂にとっては、これらの宝石を獲得することが必修科目なのだ。もしあなたが外国語を勉強しているなら、必要なことを何でも言えるようになるまで、実力がアップするに応じて授業は段階的に難しくなっていく。それと同様に、神にはあなたがこれらのスピリチュアルな質を、いっそう滑らかに保っていられるようにするための授業プランがあるのだ。

簡単な例を挙げよう。フレイアはアンティークのガラス製品を集めている。ある日ガレージセールで、非常に貴重な花瓶をたったの九十九セントで見つけた。それはもう大喜びで買ったのだが……その後うっかり、車に戻る途中で落としてしまったのだ。もしエゴが先頭に立っていたら、「なんてバカなの！　大ショックで私は完全にズタズタよ。わが身を責めるから何時間か放っておいて」と、言っていたかもしれない。しかしスピリチュアルなレンズを通して見れば、彼女はあの宝石を招き入れる完璧なチャンスを手にしたのである。砕け散ったアンティーク品よりも、はるかに貴重だ。

作家のスティーブンとオンドレア・レヴァインは、その著書〝Who Dies?〟（『誰が死ぬのか』未邦訳）のなかで、それに関連する話をしている。

無常の世でいかに安心を見つければいいのか、と問われたタイの瞑想指導者についての、次のような記述だ。すべてが変わりゆくのに、どうすればリラックスして幸せでいられるのでしょうか。

彼はグラスを持った手を上げて、こう言った。「このグラスが見えますね？　私にとっては、このグラスはすでに壊れています。私はこれを享受し、これで飲みます。見事に水を湛え、ときどき太陽を反射して美しい模様を映し出すこともあります。……でもこのグラスを棚に置いて、風でひっくり返されたら……私は、『いかにも』と言います。このグラスがすでに壊れていると理解するなら、それとともにある瞬間すべてが貴いのです。毎瞬が、ただあるがままなのです」

そしてそれが、真に捧げるということだ。

三つのステージ

捧げるレベルは人によって明確に異なることがある。それらをいったん知っておけば、迷ったり捕われたりしにくくなる。

第一ステージ

ここがスタートラインである。このステージではエゴが運転席を占有し、「私は自分の欲しいものが欲しい。もし手に入らないなら絶対に怒るか絶望するし、立ち直れないかもしれない」と言っている。憤りや落胆、そして苛立ちはおなじみの感情だ。現実をコントロールして操作しようという試みは、日がな一日ふいに生じる。

さて、誤解しないでほしいのだが、それは何ら悪いことではない。感じることは素晴らしいし、この作業の目的は気持ちを遮断することではもちろんない。しかしこのステージは単に、断固として現実と格闘しているエゴの自然な表現でしかないのだ。

　そしておかしなことに、インスタグラムで一千万人のファンがつくロックスターであっても、第一ステージのど真ん中にいることがあるのだ。あちこちにファンがいる〝ヨガのスター〟でさえ、そう、第一ステージに接着剤みたいに張りついていることがある。なぜなら世界中の人々が足元にひれ伏しているかもしれないけれど、ある意味まだ奴隷だからだ……自分自身の願望の。

第二ステージ

　ここでは、捧げるという意識が知的になる。ゆだねること、そして神に先導を頼むことについて学ぶのだ。往々にしてこのステージは、願望が実らずとにかく疲れきった状態から展開していく。あなたはものごとを〝引き渡そう〟としはじめるのだ。

　しかしながら、まだかたくなに小我がことを仕切っている。このステージは最も油断ならないが、それはエゴが欲しいものを手に入れんがための戦略として捧げることを利用しているにすぎないのに、自分はゆだねていると独り合点してしまうことがあるからだ。たとえば、「私はお金持ちになれるよう、自分のお金を神に捧げます」というやつである。この次のステージに移行したと見分けがつくのは、あなたがもう結果に執着しなくなったときだ。

例を挙げよう。最近、こういった概念にかなり通じた友人とおしゃべりをしていたら、こんな愚痴を聞いた。「今すぐにしないといけない決断がとにかくたくさんあって、頭が爆発しそう。全部が一度にやってきているの」

「それどんな感じか、よくわかる」と、私は同意した。「だけど、あなたは捧げることも知ってるじゃない！　リストをつくって、重荷をひとつずつ神に返したらどう？」

彼女は呆れたような表情で、手をひらひら振ってみせた。「そうね、はいはい。捧げることについては全部知ってるわ」

「だめよ」と、おそらくおせっかい気味に私は言い張った。「あなたはその考えを知ってはいるけど、ことのすべてを進めているのは自分だって、まだ思ってる」

彼女は一瞬黙った。そしてようやくわかったのだ。

後に聞いた話では、彼女は全部を書き出して祈ったという。「親愛なる神さま、私が優先順位をつけられるよう助けてください。何が一番重要か、何が二番目か、そして何が全然重要じゃないかさえも、私にわからせてください。それから、どうか私を通して行動し、すべてをおこなってください。私はとうていこのすべてには対処できません！」
そうしたとたん、彼女はゆとりを感じホッとした。そして、ほうら！　第三ステージに移行したのである。

第三ステージ

このステージではもはや、私が煩わしいアイデンティティの中心を動かすことはない。あなたが意識して〝行動〟しなくても、起こる必要のあるすべてが起こりはじめる。宇宙があなたを通してアクションを起こすのだ。そしてその結果は、あなたの知ったことではないのである。

これらのステージの良し悪しを決めたり、比較したりする必要はない。三つとも単に展開しゆく時季のようなものであり、あなたもそのうちひとつのステージからサッと別のステージに移るかもしれない。だからやがて、大抵は第三ステージに落ち着いているけれど、たまに何かが引き金になって第一ステージにひょいと戻って、執拗に何かをつかみとって握りしめている、ということもあるかもしれない。そのときは、とにかく呼吸をしてこう言おう。「じつは何もかもコントロール不可能であり、すべてが神の手中にあると、そうわかっている状態に私を戻してください。私は無事、手放すことができます」
するると、第三ステージに戻る。

アパリグラハ：非所有

アパリグラハは、神の流れにかんする奥儀のひとつだ。これは、「去りたいものごとを、すべて去らせてください。そして、やってきたいものごとを、すべてやってこさせてくださいい」という意味だ。両手がよりひらいて受けとれる状態であればあるほど、何もかもつかみとろうとはしなくなる。手放すのが古いアイデンティティであれ、持ちものであれ、または誰かにつながったコードであれ、みな同じだ。

アパリグラハは、追いかけて執着すれば確実に、こちらにやってきたい福を遠ざけると知っている。これは豊かさへ通じる入り口なのだ。羽を追いかけるのを想像してみるといい。あなたが羽のほうに手を伸ばして、伸ばして、そうやってできる気流は、羽をいっそう遠ざける。でもじっとしていれば、羽はまさにあなたの太ももの上に落ちてくるかもしれない。

私自身の人生では、これは受けるべくして生まれてきた主な補講のような気がよくする。

たぶん過去生で、サボったか落第したのだろう。（ああ、神さま、あの娘がちゃんと理解するまで、アパリグラハ大学に送り返してくれませんか）。私が何かをきつく握りしめると、そのたびに神は手をピシャリと叩いてきた。そのうちに、私は協力したいとひしひしと願うようになったのだ。

でもかつてはひどかった。二十代のときにしばらく住んでいたニューヨークのアパートはあまりにお粗末なつくりで、ある冬、水道管が凍って破裂した。平均的な幼児ですらわかるような、最も基本的な常識を頼りに、ほかの住民はみな何週間も前に逃げていた。でも私は、別の場所が見つからないのではと思うと怖くて、ただひとり契約を保留したのだ——建物が丸ごと水浸しになるなか。別の着陸地点が待っていると信じなかったために、衣類、本、家具——すべてを失った。そう、それだけしがみついていたのだ。（あなたの執着の度合いがどれ程でも、これで少し気が楽になればと思う。神は誰をも変えられる！）

頑張ってやっと手放せるようになる人もいれば、見たところ自然にそうなる人もいる。アパリグラハを体現する方法を、直観的に理解した人の話をふたつ紹介する。

ありがたい失敗

道路のでこぼこや迂回は一見どれほど腹立たしかろうが、ときどき本当に恩恵のことがある。以前バークレイで派手な嵐に遭ったとき、私は急いで陶磁器店に入った。土砂降りのなか、結局そこのオーナーとおしゃべりを始めた。

彼は何年も前は三つ画廊を持っていて、超〝成功〟していたという話をした。とにかく忙しくて、朝六時から夜十一時まで働いていたという。

その後、一九八九年のベイエリアでの大地震で、画廊が一店舗倒壊した。人々は同情し、「なんという災難。本当に残念！」と言った。しかし気づいてみれば、三店よりむしろ二店だと、八時から七時までしか働いていなかった。人生がよりシンプルになったというわけだ。

数年後、オークランドヒルズで大火災があり、二店舗目が全焼した。そのときは友人から、「おいおい、おまえみたいに優しくて、人がよくて、こんなに呪われてるやつ、ほかに見たことないぞ。不運につぐ不運で、まるで愛に飢えた子犬だな」と言われた。

「だけどね」と、オーナーはニヤリと笑って言った。「本当にわからないものだよ」。というのは、たった一店舗になってようやく、労働時間が九時から五時になったからだ。本人が想像すらしなかったことだ。

もちろんその頃には所持金も減っていて、大きな自宅を売らないといけなかった。しかし妻と子どもたちは、ようやく彼と時間を過ごせることに大喜びで、たいして誰も気にしていなかった。彼らは以前より小さな家に引っ越し、初めて本当の家族になれたのだった。

「さて、あれは不運だったのか、それとも幸運だったのか」と、彼は私に聞いた。

私はほほ笑んで、外を見た。

地平線に、微かに虹が架かっていた。

オレンジ・イズ・ニュー・ブラック

「絶対に諦めないで」と言うのは、ときにスピリチュアルな手段として最も重要であるのに、聞くと変な感じがしないだろうか。老成した魂にとってはときどき、諦めてようやく何かが変わることがある。エミー賞女優のウゾ・アドゥバは、最も情熱を注ぐ願望を手放さなくてはならなかった。演技だ。彼女は執着という牢獄を脱出して、結局は単に違う種類の役に収監されて落ちついた。

ウゾはニューヨークでミュージカル『ゴッドスペル』に出演し、見本用テレビドラマのオーディション受け、大ブレークを心待ちにしていた。しかし挑戦、挑戦、挑戦、の後に続くのは、不合格、不合格、不合格。ある日、とりわけ重要なオーディションを終えた彼女は、うまくいったものの二十分遅刻したので選ばれないだろうと思った。そして、この失敗はきっと〝神の宇宙〟が、〝これはあなた向けではないから、自分のものでない何かをとろうとするのをやめなさい〟と言っているんだ、と判断した。そして家に帰る地下鉄のなかで、演劇をやめて法科大学院に行け、というわかりやすいサインを求めて〝祈りきった〟。完全にゆだねたというわけだ。

四十五分後、アパートに入るとすぐに、電話がかかってきた。テレビドラマ『オレンジ・イズ・ニュー・ブラック』の、スザンヌ・〝クレイジー・アイズ〟・ウォレン役が転りこんできたのだった［訳註　後にこの役でエミー賞助演女優賞を獲得する］。

ヴァイラーギャ：無執着

ヴァイラーギャは、無執着以上の意味がある。実際には、色がない、つまり〝感情と願望の色味がなく、明晰に見えている〟という意味で、私はそれがとても好きなのだ。こっちのほうがいいなという好みはあるかもしれないけれど、それに振りまわされてはいないということだ。

人はよく気どって、「まあ、これが現実だよ」と言う。けれど心の奥では「ああイラつく！　こんな現実、絶対イヤ」と思っている。しかし、「私はこれを受け入れられる」と本当に感じるとき、それがヴァイラーギャだ。

徹底的な受容の一環であり、抵抗の上張りがはがれ落ちる。「今はこんな状態。一時間後には、すべてが違っているかもしれない」と、思うのである。

聖なる食事

とくに激しい願望も、捧げることの炎で調理されると、ひとつの好みへと変化する。そしてしばしば、その過程は地獄のようにつらい。それは幾転生もの執着や妄想、それに依存が剝ぎとられているからだ。まるで松やにで風呂浴びをしているように感じるかもしれない。

しかし偽りなく捧げているなら、あなたはやがてその縛りから自由になる。柔らかになり、手放すのだ。そして中立でゆったりした気持ちになる。

ヴァイラーギャの到来だ。

到来したとわかるのは、もう鎖につながれている感じがしないからだ。

もはやあなたは完全に気のふれた中毒者ではない。

その願望が叶えられようが叶えられまいが、ようやく自分自身の肌のなかで、完全無欠であると感じるのだ。

あなたは〝何であれ〟それを受けとりたいと熱く思っているかもしれないけれど、それがないからといって、もう怒ってもしょんぼりもしていない。

往々にしてまさにこのとき、その好みのものをようやく享受するのだ……聖、な、る、食、事、として。


神よ、私の心底からの願いをあなたに捧げさせてください。あなたはそれをどう扱えばいいかはっきりわかっていると、信頼させてください。道を案内し、私を鎖から自由にしてください。そしてどうか、私が完全無欠であること、それに自由であることをとくにわからせてください。

ではヴァイラーギャにかんするエピソードを紹介しよう。大チャンスをつかみそうだと思っている人が、自分の願望に大蛇のように締めつけられてしまう話だ。ヴァイラーギャはそんな人々を自由にする。

誰もあなたの源ではない（そう、オプラ・ウィンフリー*さえも違う）

数年前、ヴィンヤサ・ヨガのレッスンの後、知りあいの作家にばったり会った。近況を聞くと、彼は笑顔で、自分の〝執筆悲劇〟について聞きたいかいと言った。もちろん！

彼はたいそうなヨガの本を出版していて、友人からオプラ・ウィンフリーの『スーパー・ソウル・サンデー』に出演オファーをもらったという。彼は有頂天になった。なにせようやく見出されたのだ。ブロードウェイの建物の出入り口のひさしに、もうすぐスターの座につく自分の名が燦然と掲げられる未来を思い描いた。

その後……お試しが始まった。インタビューのスケジュールが組まれ、変更された。そしてまた変更された。最後の変更では前倒しされ、準備に四十八時間しか残されていなかった。

彼は恐怖に襲われた。アマゾンが自分の本を倉庫に補充する時間がないからだ。別の日程にしてくれるよう頼みこんだものの、無駄だった。本が在庫なしの状態で、彼はとうとう〝大チャンス〟を手にしようとしていたというわけだ。

自分は番組のロボットにすぎなかったと、彼はすっかり肩を落としていた。そして、オプラにとり上げられて何も起こらなかった唯一の作家かもしれないと、笑ってみせた。

でも私は別の見方をした。期待していた富は得られなかったかもしれないけれど、それよりずっと貴重な何かを得たとしたらどうだろう。なんだかんだ言って、彼はヨガにかんする本を書いているのだ。ヨガとはじつはサンスクリット語で、神との結合、という意味だ。彼がヴァイラーギャを獲得できるよう、神にその手荒い旅に連れ出されたのだとしたら？　もしそれが彼自身の自由のための、あのお手製の完璧な体験だったとしたら？　もしそれが彼をただの結果追求者ではなく、真のヨギにしたとしたら？　もし彼がようやく手放すことができたのだとしたら？

＊アメリカの俳優、テレビの司会者・プロデューサー、慈善家。非常に影響力があり、彼女が紹介するものは大ヒットするとして知られている。

感じて、それから捧げる

ときどき無執着は、気持ちを消すか無感情になることだと誤解されている。無執着とは〝スピリチュアルな逃げ〟、つまり自分を進化したように見せるべく、人間である自己の最も無防備な部分を無視することではもちろんない。そう、全然違う。これはただ、感じてそれから捧げる、という意味なのだ。

先日、友人のロリーンが、三人の子どもの継母としてどれほどやり場のない気持ちを抱えているかを語った。彼女は助けを求めて、無執着についてのとある収録を聞いていたという。「とにかく悪感情のスイッチを切って、それに耽らないようにしなさい。悪感情は倉庫にしまって鍵をかけるように」と、それは伝えていた。

「それで、うまく行ってる？」と、私は笑って聞いた。

彼女は表情を曇らせた。「散々よ。ほんとに腹が立つ。ばかばかしいことがたくさん起こっているのよ。私は何年間も自分よりみんなの用事を優先してきたのに、相変わらず責任をなすりつけられてばかり。この気持ちをただ押しやるって、どうすればできるっていうの？　感情を持っちゃいけないの？」

私は心から同意し、紙にすべて書き出して燃やしてはどうかとすすめた。それから、それらの感情を本当に感じるためにできることは全部するように言った。(第四週で多くの方法を説明した)。ココナッツ割りを捧げることもできる。それをするうちにロリーンは、いかに家族みんなとの境界線を強める必要があるかがわかってきた。

ヴァイラーギャは、感情というその貴いもろさを自分のものと認めてから、そのすべてを捧げることでやってくる。気持ちを心の小型トランクか何かに隠したら、後から爆発して大きな苦しみや誤解を引き起こすこと請けあいだ。

気持ちは本当に感じて、それから捧げればいい。それが無執着を……そして、しかるべきタイミングでしかるべき行動を、もたらすのだ。

イーシュヴァラ・プラニダーナ：ゆだねる

ゆだねることは、豊かであることの中核である。あなたは与え、そして受けとるという、喜ばしい流れのなかへと移行する。神があなたを使うにまかせるのだ。

真に捧げると手放すのが楽になるが、それはつねにもっと入ってくると信頼しはじめるからだ。私の……私の……私の、から、神の……神の……神の、に切り替わる。すごい違いだ！

　この十一年間、私は高額の現実化プログラムにすべてを投じ、ありとあらゆる願いを追い求めました。それで疲れきってしまい、ほとんどまともにものを考えられなくなりました。ですが面白いことがあるのです。私はずっと、在宅の仕事を思い描いていたのですが、何も起こりませんでした。ところが降参して、私を変えてくださいのお祈りを初めてちょうど一か月後、現在勤務している会社がポンとその仕事をくれたのです。同じ給料で、同じ福利厚生で、二時間の通勤はなし。捧げることについて、とても実用的な形で説明してくれてありがとう。

〝現実化できない〟ことを理由に、自分自身を責める状態に陥るのは簡単だ。しかしその大本はすべて第一ステージ的思考にあり、エゴのレベルにある。その代わりにゆだね、源に対して自分をひらくことを身につけると、大抵の問題は解決するものだ。

　私を変えてください・豊かさのための祈りフルバージョンをくり返し唱えていると、そのうち、あなたを抱き、支えてくれる神のクッションがやってくる。あなたはもう重力のままに落下してはいない。恐怖の多くが消滅するだろう。あなたは願望が叶おうが叶うまいが、自分は大丈夫だと信頼するようになり、要求の終止とともにやってくる平和に浴する。そして本当に必要なものごとは、何かしらの方法でたしかに満たされるということが、感覚としてわかってくる。

この神聖な計画が入ってくる余地をつくったとたん、あなたはもはや、「何が何でも私のやり方で！」と言い張らなくなる。そして、こう言いはじめるのだ。「神さま、これをどう生きればいいのか示してください。せめてさしあたり、あなたが私の真の供給者であるというふりをさせてください」。この道をひらくに応じて、富が制限なく予想外の所からやってこられるようになる。柔軟性もなく制約されていて、でも疲れきっているエゴよりも、愛ははるかに創造的なのだ。

手放して神にゆだねると、自分が本当に欲しいものが手に入らないんじゃないかと思って怖いです。

最大の誤解のひとつは、神と私たちは別々である、という考えだ。けれど実際には、自分自身の内なる偉大な自己に、つまり自分自身の知恵や明晰さにゆだねていると理解すると、とても違ってくる。（ただし、第五週でわかったと思うが、これにはあの怯えきった

子どもの献身的な親になることを伴う）
そして真実を言うと、私たちがゆだねようがゆだねまいが、愛はつねにことを仕切っているのだ。あなたが協力することを選べば、まったく新しい世界がきららかにひらくのである。

レッツ・メイク・ア・ディール

私たちがあらゆる経験を通して学んでいるということはわかります。でも大変な経験は、めちゃくちゃ大変なんです！　だから、なぜ神は授業計画か何かを送ってこられないんだろうと思うのです。どうしていつもドアの後ろに何があるか謎解きをするような、『レッツ・メイク・ア・ディール』みたいな気分にならないといけないのでしょうか。

あのクイズ番組を覚えている人はほかにもいるだろうか。私は中学生のとき、毎日放課後に観ていた。出演者が正しいドアを選ぶと、リビングルームの家具一式や、アイスクリーム・サンドが詰まった冷凍庫、または水上スキー用モーターボートが当たる番組だ。けれどもしあなたが老成した魂なら、ドアの後ろにあるご褒美はアパリグラハ（非所有）か、ヴァイラーギャ（無執着）、またはイーシュヴァラ・プラニダーナ（ゆだねる）だ。

そして、それも授業計画なのだ。もし私たちが地球上で願望をひとつ残らず瞬時に手にしてしまったら、こういった神聖な質を育む動機がなくなってしまうだろう。

かなりの場合、人々が私の研究を見つけ出すのは、追い求めてつかみとるという〝別の方法〟が、隕石のように砕け、燃え落ちてしまったからだ。しかしその痛ましい破滅は、途方もない恩寵の瞬間でもある。なぜならコントロールして手綱を握ろうとする試みがまったくの狂気であると、ようやくエゴが覚るとき、あなた自身の進化における聖なる交差点にたどり着くからだ。

あるとき誰かに、「この諦めが起こると、天使がみな拍手する」と言われた。このときついに、あなたはエゴより偉大な何かに引き受けてもらう準備ができているのだ。そして神との真の親密な関係を始められるのである。

これは自由への道だ。でもそれは、切々たる願いが消滅したからではない。むしろ願望が溶けて、あれよりはこれのほうがいいなくらいの好みへと変化し、あなたを縛りつけなくなるからだ。

もちろん大変なことが起こっているときは、好みが生じるのは自然なことだ。先日の夜、どちらかといえばうちの猫には、私とベッドにいるときに毛玉を吐かないでもらいたいと心から思った。それと同様に、先週マックがいきなりクラッシュしたときは執筆の時間がなくなって、どちらかといえばその五時間は失いたくないと思っていた。

しかしそれでどうなるかというと、真に捧げることへの思いがほかの何より優先するのである。なぜなら魂が自由に向かって猛進しているからだ。猛進。

この卓越したあり方は古代の文献にそっくりそのまま書かれている。そして、この道が十世紀前のインドやペルシャだけでなく、現代生活においても実践できるとわかって嬉しくはないだろうか。神は今も昔と同じように神聖で、求めに応じてくれるのだ！

だからたった今、あなたの人生を良し悪しを決めつけずに眺め、「どの美質を私は学んでいるところなのだろう。どの至宝だろう」と、問いかけてみてはどうだろうか。何であれ最初に頭に浮かんだことが、あなたのカリキュラムだ。

たとえば、あなたが最近とても愛着ある職を失ったとしよう。これはイーシュヴァラ・プラニダーナ、つまりありのままの現状にゆだねることを学ぶチャンスかもしれない。永遠にではなく、まさにこの瞬間だけ、それを受け入れればいいのだ。神なる源に対してひらくことで、より上の何かが次にやってくることができる。

ところで、これら三つの至宝を消極性と混同しないよう気をつけること。実際には、三つの至宝があれば結果に執着しなくなるので、かえってより明晰に、より勇気を持って、行動する能力がもたらされるのだ。

高貴なバリスタ

私の持論では、この惑星にいる多くの進化した存在たちは、何の脚光も浴びていない。彼らはただ喜びや品位があり、そしてときにレーザー光線並みの的確さを備えて生きている〝一般の〟人々だ。カルミナのように。

私は長年とあるカフェに通っていて、そこのバリスタであるカルミナに出会ったのは、彼女が二十代のときだ。早朝、ハリケーンさながらにオーダーが押し寄せるなか、彼女は完全に落ち着きはらって冷静そのものなのだ。ある日見ていると、スキムミルクではなく豆乳入りを渡された男性が、彼女に大声を浴びせた。彼女はとても親切に穏やかに対応した。昨日は別の人につっかかられていたが、またしても純粋な愛の対応だった。彼女はカウンター奥で、カップにシナモン、そしてミルク泡を巧みにさばく、戦う舞姫なのだ。

「カルミナ、いったいどうすればそんなふうにできるの？　バリスタは厳しい仕事よ。私の友だちは二日で辞めたもの」と、私は聞いた。
彼女は笑った。「まあ、そのとおりね。だけど四年前にわかったの。コントロールできるのは、せいぜい自分の反応くらいだって。だから、その達人になろうって決意した。練習は毎日できる。一番頭のおかしな人が最高のトレーニング相手になるの！」

神よ、流れに乗って動き、穏やかに平和に、対応させてください。私はあなたのものです。あなたは私のものです。私たちはひとつです。すべてはうまくいっています。

捧げることはゆだねることに等しい

先述のとおり、ゆだねることは消極性や、あるいは絶望とさえも混同されがちである。しかし単に、執着を手放すことだ。車の支払いの五百ドルであれ、いないと生きていけないパートナーであれ、絶対もうけないといけない気がする赤ちゃんであれ、それに対する執着を手放すのだ。

ゆだねずして捧げきることは絶対にできない。その切々たる願いを愛に渡そう。ある意味、こう言うといい。

心の底から必要なものごとはすべて満たされると信頼できるよう、私を助けてください。私をこの自由の道に入らせてください。私の最も根深い執着さえも、あなたに渡します。あなたには計画があるということ、そしてしかるべき行動がやってくるということを、信頼させてください。あなたは私のすべてにとっての源です。

瞬時に捧げおわることもあれば、時間がかかることもあるし、まったく捧げきれないこともある。まずはそのプロセスを信頼しよう。

「私を乗っ取って、ぎゅっと握り締めた私の手をほどいてください。すべてが完璧に処理されますように」と、愛に言おう。

捧げることを通して、最もありふれた問題さえも神聖になれるのだ。

親権争い

シーラは息子をめぐって長いこと熾烈な法廷闘争をくり広げていて、さながら次々と続編が出るホラー映画だった。（『嘘をつく』、『戻ってきた元浮気夫：第十回、第十一回、第十二回……』）。彼女は単独親権を延々と熱く思い描いていた。それなのにどんなに努力しても、すべてが苛烈な状態で凍結したまま。そして弁護士に大金を費やしていた。

結果を危ぶみながらも、彼女はとうとう捧げはじめた。なんだかんだ言って、自分自身の血と肉を開け渡すより大変なことなどあろうか。しかし自分の正気を保つために、彼女はこう言いはじめた。「たしかに、彼は私の息子です。でもじつは神のものです。私は神の計画を求めて、すべてをあなたに捧げます。どうするべきかをあなたに言いつづけるのはムリです」。そしてようやく祈れたのだ。「みなにとって最も良いことが起こりますように」

この発想はとくに大きい。というのも彼女は怒りのあまり、元夫へは何の良いことも起こってほしくなかったからだ。苦しんでほしかったのだ。にもかかわらず、「私はもう耐えられません。最終的に至高のことが起こりますように。この子は神のものです」と、言ったのである。最初こそ機械的に祈っている感じがしたものの、彼女はそのうちに心からそう思うようになったのだ。

まもなく、元夫がいきなり闘争の場からひっそりと去っていった。「あのさ、本当に親でいたかったのはおまえだ。俺は、じつは全然違う。ただ勝ちたかっただけだ」と言って、故郷のドイツに帰ってしまったのだ。彼女は単独親権を得た——宇宙を願望攻めにするのではなく、心から手放すことによって。

手放すだけ。

老成した魂の若者

ある日、サンフランシスコのチェスナット通りの店にいると、とある母親が電話で話している会話が聞こえてきた。「そうよ、明日みんなでロサンゼルスに戻るわ！　でも今夜もう一回、浜辺で大きな儀式をやって、私たちが真剣だってこと宇宙にしっかりわかってもらう！　火曜までには別荘の頭金を引き寄せるから、心配しないで。私たち、これを揺り動かせるわ！　もし全員であの手順にそってまったく同じ波動で振動したら、かならずことは起こせる。私たちはパワフルよ。待ち遠しくてウズウズする！」

見ていると、おかっぱ頭にベースボール・キャップを前後ろにかぶったとても可愛らしい中高生くらいの娘が、まるでこの会話を受精卵のときから聞いていたかのように業を煮やして、大きなため息をもらした。

「へえ、ママ」。呆れ顔で、大げさに首を振りながら言った。「もし宇宙にはママのとは別の、すごい計画があったらどうすんの？」

私がクスっと笑うと、彼女はちゃめっけたっぷりの笑顔で親指を立てて見せた。

ああ神さま、家族のなかで子どもが老成者だとこういうことが起こるのね、と私は思った。生まれつきゆだねることを理解している老成した魂もいるけれど、それ以外の私たちは、献身的な祈りと捧げることで、やがてかならず同じ結果がもたらされる。

とにかく続けるように。

WEEK SEVEN

NO, YOU'RE NOT CRAZY, YOU'RE BEING TESTED

第7週

いいえ、あなたは頭がおかしいのではなく、お試しにあっているのです

ボロボロに崩れてしまいなさい。
そうすれば野生の花々が、あなたのいるその場所に芽を出すでしょう。
あなたはあまりに長年、石のようでした。
何か違うことを試してみなさい。ゆだねなさい。

――ルーミー

あるとき、もらったおみくじクッキーに、〝神の構想により、あなたは帝国試験に合格するでしょう〟と書かれていた。ていうか、これってどういう類の運？　一緒に夕食をしていた人は、〝幸運が地平線上に見えています〟だった。

しかし神の導きにまかせることを身につけるこの過程では、本当に試される。ちょくちょく。ときにはこちらの正気に挑むような形で。罰を与えるような形ではないにしろ、まるで愛が、「このスピリチュアルな理解は本物で、ただのいい考えではないですね？」と、言っているかのようなのだ。

禅で、橋を建設するために派遣された弟子の一団についての話がある。橋を架けおわると、師匠がその上で思いきりとび跳ねて、壊れるかどうか確認したという。何度も、神は同じことをする。

彼はまず橋の丈夫さをテストし、それからあなたに渡らせ、先に進ませてやるのだ。このお試しが私に起こるときは、単にうわべだけいい感じなのではない、と神が確認しているのがわかる。おそらく私は過去生で言動不一致だったのかもしれない。でも今生では、七〇年代にシェリル・リンが歌ったように、〝本物でないといけない《ガット・トゥ・ビー・リアル》〟のだ。

　さて、あなたは豊かさのステップに従って進んでいるので、夏のタンポポさながらに奇跡があちこちで芽吹くのを見てきているかもしれない。ことによると思いもよらない所からたて続けに、富が注ぎこまれているだろうか——誰かが突然、あなたの好きな色の素敵なセーターや、あるいはずっと行きたかったコンサートの無料チケットをくれるとか。それはまさに、この道が展開するひとつの形なのだ。でもあなたは愛を招いて舵取りを頼んでいるところなので、それとはまったく別の経験がやってくるかもしれない。

　たとえば一時的に損失が出て、流れを信じる心が試されるかもしれない。あるいは、前向きで気持ちも新たになっているのに、いまだにお金がするする逃げていくように思えるかもしれない。お試しにあっているときは、当然ながら多くの人が怒ったり、意気消沈したり、イライラしたりする。願望が妨げられたり、見込みのある道が出てこなかったりすると、裏切られた気分にすらなる。でもそのすべての根底にあるのは、あらゆる願望がいつでもあっという間に叶えられることになっている、という間違った前提なのだ。むしろスピリチュアルな観点からすれば、お試しはアパリグラハ（非所有）とヴァイラーギャ

（無執着）を鍛えるためにやってくることが多い。

身を入れてこれらのステップに取り組めば、自分のお金ではないということを腹の底から、理屈抜きに体験しはじめる。カクテルパーティで人々に感銘を与える（またはハッとさせる）ために言うような、高尚なスピリチュアル概念としてではなく、自分という存在の内側でわかってくるのだ。

そしてひとたびこれが起こりはじめたら、さあ大変、準備するように。あなたは大抵の人を悩ませる（もちろん、あなたが北欧に住んでいれば別だが）、絶え間ない金銭的不安からの自由や拡大を受け入れるべくひらくのだ。なぜなら、それこそが最終目標だからである。だからもし、あなたの内側と外側の状態がまだ一致していなくても、恐れないように。ここからこのプロセスの最終部分までのあいだに、多くのことが起こりうる。ましてやこれからの何か月か何年は言うまでもない。

神のおとり

私が気に入っている概念のひとつに、神のおとり、というのがある。なぜなら私自身、よくそれに惑わされたからだ。これはしばしば現れては執着を焼き払うが、何についても起こりうる――人間関係、家、休暇旅行。そして大抵、人はカンカンに怒る。「そうですか、神さま。あなたはあれをあたかも完璧な仕事口であるかのように見せておいて、だから私はめかしこんで州を半分またいで七回面接に足を運んだのに、結局は不採用と言われました。なぜ私をかついだのですか。真面目に聞きますが、あなたはご自分を愛の神と呼ぶのですか」

けれどもそれは全部、手放すことを学ぶためだったのだ。

だからもしこの手のおとりがあなたの道に現れても、話が終わったと思ってはいけない。ただ神の秩序へと立ち戻り、〝何であれ〟完璧なものごとがすでに選ばれていて、自分はしかるべきタイミングでしかるべき方法でそれに導かれる、と言おう。神なる源の世界では、あなたのものを見逃すことはありえないのだ。

おとりは、地元のアパリグラハ・ジムのウェイト・トレーニングみたいなものだ。あなたは何かそそるものを送られて、それにひっついてくるか確認されているのだ。執着も固執もしなければ、そのたびに無執着の筋肉が強くなる。

もちろん、最初はエゴががっかりして、「こんな神さまのことなんか忘れてしまおう。うまくいかない」と、思うかもしれない。でもそのうちアパリグラハ筋肉が大きくなるにつれ、おとりに引っかからなくなる。手をひらいたまま受けとりつづける方法が、自然に身についてくる。ひとつの道が頓挫しても、別の道がやってくるとわかっている。そして、神の欲するものごとを欲するのだ。

では、お試し中に非常に役立つそのほかの方法に進もう。それらを実践していくうちに、内なるパワーが発達して、流れへの信頼が深まるのを感じはじめるだろう。

勇気を求めて祈る

コース中に、多くの人から勇気を奮い起こす方法を聞かれた。おそらく、金銭面に影響を及ぼす悪い人間関係を捨てるとか、過小評価されたり虐げられたりしている気がする仕事を辞めるためだ。この一連の取り組みのテーマは、愛があなたを変容するにまかせることなので、勇気は祈りと恩寵を通してやってくる。神聖な勇気は、エゴの空威張りとはとても違う形で花咲くのだ。そこには堂々とした、常人ならざる落ち着きが備わることがある。出しゃばらず、謙虚で控えめなことさえある。やがて神聖な自信はあなたの誠実な盟友となり、香り立つ元気な庭のように、愛によってあなたの内で育まれる。

あなたは強さやインスピレーション、それに為されねばならぬことを為す確信で満たされる。次のお祈りは、かけにくい電話をかけるといった小さなことや、仕事を辞めるといった大きなことにも使える。（私もしている）

私に取って代わり、私を通してこれをおこなってください。もしそれが為されることがお望みなら、私を通して話し、私を通して行動してください。私はあなただけのものです。

こう祈るとき、あなたは愛そのものにハンドルを握ってもらうよう願い出ているのだ。このやり方は、自分で自分のお尻を叩いてモチベーションを上げるのとはとても違う。「とにかくおとなになって、それをやりなさい！」と、人々がきつく言い放つのを聞くと、私は正直なところつい呆れ顔をしてしまう。おわかりのように、より過酷じゃない、まったく別の方法があるのだから。

私はパートタイムの仕事をしていて、フルタイムで頭痛がしています。でも、お金がほかの所からやってくる気がしなくて怖いのです。そのうえ、間違った忠誠心があって辞められません。でも本当は、自分のビジネスを先に進めて繁盛させたいです。ただ「さようなら！」と言えるようになりたくてたまりません。助けてくれませんか。

その第一歩は、現在の職を神に捧げることだ。「もしここで何か学ぶことが残っているなら、どうかそれをはっきり示してください。でももし私が怖くてしがみついているだけなら、去る勇気を与えてください。そしてそのタイミングと方法を示してください」

似たようなお祈りで、その翌日に辞められた人もときおりいる。でもまだその時期でないなら、制止される。なぜなら捧げるというのは、無理して決断することではないからだ。単に、神さまに仲間に入ってもらう余地を与えよう。「しかるべき行動を示してください。もし今のところ辛抱しないといけないなら、どうか私が退職しないようにしてください。でももしとっくに期限切れなら、私の準備を整えてください！」

神なる源にしっかり根づくようになると、あなたは思い出す。愛はあなたを支えるために何でも使えるということを。あなたの源は現在の職ではなく、神のみである。そして次のしかるべき収入手段はすでに選ばれていて、あなたは導かれるのである。

個人的には、まるで神に首のうしろをつかまれて、ひょいとつまみ出されるような状況を経験してきた。そのうち何回かは、あの神の方法で強制的に追い出されていなければ頑なにしがみついていたかもしれず、その場で死んでいた可能性もある。（水道管が凍結した話を覚えているだろうか）

もしあなたが頑固だと、とっくの昔に期限切れになっている場所に、エゴによって引き留められてしまうかもしれない。「すごく嫌だけど、私にはこれしかない」と、きっと思うのだろう。でも「あなただけが私のすべての源です」と言いはじめると、お金はどこからでも来うるとわかってくる。

ところで、「まだ」という答えをもらっても恐れないように。きっと、すべてが整うまでにもっと時間が必要なのだ。そのあいだは、忍耐力を求めて祈るといい。ついでに、受容や自信、それに楽になることを求めて祈るのも効果的だ。

私は従来的な意味での宗教心はないけれど、聖書は所々深く語りかけてくる。そして、「自分の悟りに頼るな。（箴言　三章五節）」（『聖書　新改訳』新日本聖書刊行会）という部分は、はっきり言って、捧げることの核心である。頑丈なレッドウッドの木に寄りかかるように、愛に頼ろう。

ここ何年かで私はとにかく怖がりになり、やらねばならないことを先延ばしてばかりになりました。でも豊かさに取り組むこの過程で、その両方に向きあえるよう祈りました。「神よ、あなたに捧げます。私の一九七〇年代の歯科治療を」と言った後は、水銀の詰め物を専門家に口から除去してもらいました。自宅の片づけでは、「わかりました、神さま、もういらない本がここに何百冊かあります。お望みのまま、ほかの人たちと分かちあってください」と言いました。それに私のアート作品のためのウェブサイトを新しくつくってほしいと、夫に頼みもしました。夫は何の反論もせず素晴らしい仕事をしてくれました。それだけでも奇跡です。また勇気が出てくるとは、なんてありがたいのでしょう！」

あなた自身の内なる知や、生まれながらの神聖な勇気と好奇心に立ち戻ることは、目標の一部だ。自分の直観に完全に手綱を渡し、引き受けてもらおう。そして、すべての問題はエゴがこしらえていて、頑張って自由になるには完璧な自分になるしかないという、あのうんざりする神話から解放されよう。（あなたはそのすべてに疲れきっているだろうか。ああ、私はもちろんそうだった）

代わりに、その有毒な完璧主義を身につけてしまったインナー・キッドの味方になるのだ。間違ったことをしたら悪いことが起こると怯えている、その子の熱っぽい精神状態をなだめてあげよう。少しずつ、愛がそれを引き受けていく。
長い冬の後に、神聖な勇気が花ひらきはじめるのだ。

勇気の瞑想

少しのあいだ、自分の呼吸を意識しましょう。心が穏やかになるエネルギーを吸い、心配や恐怖心を吐き出しましょう。

想像してください。あなたは、とても気持ちのいい自然の場所にいます。海かもしれませんし、森かもしれません。あるいはどこかほかの、あなたにとって癒される場所で、あなたの好きな天候をイメージしましょう。太陽が好きなら、晴れを。私は風が好きなので、風の吹く日をイメージします。

それから、あなたを含めすべてを包みこむこの愛の力に、こんなふうに祈りましょう。「私は準備ができています。私を神聖な勇気で満たしてください。私を神聖な自信で満たしてください。行動すべきときには行動力を、そして待つべきときには忍耐力をください。信頼心で私を満たしてください。これらの神聖な資質をやってこさせてください」。空に向けて両手をひらき、こう言ってもいいでしょう。「私は準備ができています。私をあなたの神聖な自信で満たしてください。どうか人の意見ではなく、私にとって本当に必要なことを、尊重するようになれますように。どうか自分の内に耳を傾け、あなたの神聖な声を聞けますように」

少しのあいだ、あなたに注がれているエネルギーを感じてください。このエネルギーはずっと、あなたが生まれながらに持っている権利です。いつでも必要なときに手に入るよう祈ることができます。「あなたの勇気と自信で、私を満たしてください。小我の牢獄から私を解放し、しかるべきタイミングにしかるべき行動を起こさせてください」

あなたの内から、短い言葉が聞こえるかもしれません。

そして準備ができたら、ゆっくり戻ってきてください。少し時間をとって、起こったことを何でも書いておきましょう。

直観に従う

内なる導きの糸をたどっていけるようになることは、この取り組みにおける重要な部分だ。次のエピソードでもわかるように、これはことの大小を問わず何にでも応用できる。

何年も前に私が入っていたスピリチュアルなグループでは、何が〝天の理にかなって〟

いて〝きちんとして〟いるかについて、音楽から衣服、そして食べ物に至るまで、指令が山盛りだった。私たちの多くが、来る日も来る日も自分をねじ曲げて従おうとしていた。しかしやがて見ていてわかったのは、自分自身の魂がじつは何を必要としているか、いかに内に耳を傾ければいいのかをわかっている人がほとんどいないということだった。おそらくそれが、真の指示は自分自身のハートのなかで燦然と輝く神聖な直観からやってくる、と今の私が熱く信じている理由だ。

そのグループの数多《あまた》ある規定のひとつとして、絶対に黒い衣服を着てはいけなかった。たまに濃い色のスカートやズボンを穿くのは大丈夫だったが、ほかは駄目なのだ。私たちはおどろおどろしく、「黒は心を暗くする」と警告されていた。

超責任感の強いやぎ座である私は、大好きだった黒い衣服をすぐに全部捨てた。（つまり、元ニューヨーカーとしては、少なくとも洋服だんすの半分）。胸が張り裂けそうだった。

それから一年ほど後、ニューヨークの地下鉄で、黒い法衣を着た禅僧の集団を見かけたのだ。私は突如として、忠義な夢遊病から目覚めた。「ああ、なんてばかばかしい。私は黒が大好きなのよ！　私にとっては、黒は守ってくれる色で、スピリチュアルな感じがする。あの禅僧たちはみんな心が暗いの？」。そのすべてのばかばかしさに、私はクスクスと笑いだしてしまった。

おお、わが主《しゅ》よ、スピリチュアル羊としての人生から、私を目覚めさせてください。どうか自分自身の直観と常識を通して、あなたの声が聞けますように。［訳註　羊は、従順な人や他者に引きずられがちな人、また戯言的に信者という意味で使われる］

新たにファンキーな黒Tシャツやジャケットを一式買ったとき、ホッとして歌いだしてしまいそうだった。これが私だったのだ。神が設計した、まさにありのままの。自分の魂がハッピーなときは、自分でわかる。ほかの誰かにそれを裏づけしてもらう必要はないのだ。

内なる主《しゅ》への道は、人それぞれに素晴らしく、当人だけのものだ。内側に耳を傾けてそのときどきで何が必要かを感じとることは、なんと解放的だろう。尊重されていい、あなたならではの奔放で衝動的な部分がある。ある人にとっての毒が、ほかの人にとっては最高の薬になることだってあるのだ。

しかも大抵は、喜びをもたらすものに向かってインナー・キッドがまっすぐあなたを案内するものだ。

自分自身を信頼するように。

最低なアドバイス

月曜は大抵、バークレイの早朝ヨガクラスに行く。通常その時間は無料駐車できるパーキングメーターがたくさんあるのに、一度すべて埋まっていることがあった。黄色ゾーンはたっぷり残っていたが、そこに駐車しようとすると内側で何かザワザワしつづけた。「パーキングメーターみたいに、黄色ゾーンが九時じゃなくて八時から違法になったらどうする？」［訳註　黄色ゾーンは、所定時間内は荷物などの積み降ろし専用で駐車は不可］

私はサインを求めて祈った。

その瞬間、風変わりな恰好をした眼鏡の男が通りかかったので、「すみません、黄色ゾーンは九時まで大丈夫ですか」と、訊ねた。

彼は呆れたような顔をして言った。「もちろんさ！　それからパーキングメーターの課金が始まるんじゃない？　黄色ゾーンが最初に始まるわけないし」

そういうわけで、私は聞き入れた。そして戻ってみると、五十九ドルの違反チケットを切られていたのだ。

まあ、神のおとり領域には入りやすかったのかもしれなかった。「神さま、なぜあなたは私を間違った方向に導いたのですか。私は助けを求めたのに、あなたがバークレイのなかから送ってよこすのは、よりによってあのマヌケですか」

でもむしろ、完璧だったのだ。私自身の身体は、気をつけろ、と警告していたのだから。他人の自信たっぷりなわりに大抵は何もわかってない対応に私はいちいち従っていて、あの男の答えはそれを象徴したのだ。自分の勘がつねに示すということを、私は改めて気づかされた。何かおかしいと感じたら、普通はそうなのだ。

もうおわかりのように、これは神のお金である。だから捧げ、そこで立ち止まったままでなければ、獲得も損失もない。私はこの一件すべてを水に流した。翌週、二年前に売った本の小切手が届いたのだった――六十ドル。

手に負える分だけ

ときどき前途に待ち受けていることに怖気づくあまり、頭で考えても、準備も理解もできないことがある。しかし大抵は、思考は混乱を起こしこそすれ、最高のガイドにはならない。

代わりにひと呼吸ずつ、そして瞬間ごとに捧げるにつれ、身体そのものが次のしかるべき行動を示す。自分の内でのグイっという引き、つまりスパンダはつねにあり、直観によって呼び起こされる。あなたは始めるか止めるか、こちらに行くかあちらに行くか、引かれるのを感じるのだ。でもそれに従うには、今にいなくてはならず、流れに先んじすぎてはいけない。先に先にと急がなければ、その瞬間に手に負える以上のことはやってこないと信頼するようになる。

それにもし必要なら、恩寵が奇跡のような秘密の方法で残りをやってくれる。

サインがないか気をつける

神が私たちとやりとりする方法で遊び心のあるもののひとつに、サインや前触れがある。注意を払いはじめると、とても楽しめる。自分がしかるべき道にいるかどうかを知る手がかりがないか、見逃さないようにしよう。もし道から外れても、元に戻るにはどうすればいいか、大抵は示されるものだ。

陸鳥と木の枝

　フローレンス・スコヴェル・シンは、その著書『人生を開く心の法則』のなかで、コロンブスがアメリカ大陸に到着する前に、陸鳥と木の枝を見て草地が近いことを知ったいきさつを書いている。そして、これは問題を神に投げかけたときと同じだと述べている。最初のサインは、祈りが届いていることをはっきり示すためにやってくるが、その成就と勘違いされやすい。

　フローレンスは、ある女性がお皿一式を必要としていて、その強い願いを捧げた話を例に挙げている。捧げてまもなく、友人が古くて欠けた皿を一枚くれたという。その女性は、自分がリクエストしたのとはあまりにかけ離れていると文句を言った。

　しかしフローレンスにとっては、何の申し分もなかった。欠けた皿はこの女性の願いが実現しつつある前触れだったのだ。

パンのかけらをたどる

ヤスミナは企業のデザイン部門で働いていたが、アーティストとしての自らのルーツに戻ることを日々夢見ていた。でも最低限の貯蓄しかなく、衝動的に辞めて後から決心を後悔するだけにはなりたくなかった。そこですべてを捧げ、サインを求めて祈ったのだ。

ある日のこと農産物マーケットにいると、「あなた、肖像画を描くんですってね。お時間はある？」と、声をかけられた。自分の才能について知っていたのは少数の友人だけだったので、ヤスミナはぼう然としてしまった。そしてこの一件に、「絵を描くビジネスを、展開させてやりなさい」と、そっと押されたのである。

そのたった一回の引き合いから、ヤスミナはウェブサイトをつくり、作品をインスタグラムに投稿しようという気になった。マーケットで声をかけてきた女性は、やがて彼女にとって現実のお助け妖精となり、大勢の人に紹介してくれた。そしてついに、ヤスミナは会社での勤務を減らしてパートにできたのだ。まるで神に、「とにかくリラックスして、とりあえずは今いる場所にいなさい。そしていったんあなた自身の仕事をもっと構築したら、会社を完全に辞める時期を察するでしょう」と、言われているような感じだった。そして一年後、そうなったのだ。

神は具体的に示す。ただしそれには、あなたが現在の職を源としてしがみつくのをやめなくてはならない。

この件は今やあなたのものです。はっきり示してください。もし私が去ることになっているのなら、その勇気をください。そして道を示してください。

秘密兵器

ユシコは、最高に難しい裁判でも勝てることで有名な、一流の弁護士だ。ところが、ある訴訟が延々と長引いていて、何をしてもうまくいかなかった。

ユシコはすっかり打ちのめされた気分だった。

ある夜、万策尽きて、懸命に祈りだした。言っておくが、彼女は祈るタイプの女ではない——むしろたたき上げのワンダー・ウーマンだ。〔訳註　アメリカのコミック及び映画『ワンダー・ウーマン』の主人公で、高い戦闘能力と豊富な知識を持った美女戦士」。でも次の裁判まで二日しかなく、駄目でもともとだったのだ。

ふいに明白な理由もなく、ユシコは本棚に置いた多くの分厚い法律書から、なんとなく一冊を引っ張りだした。それから目を閉じ、その本をひらき、そのまま指を置いた。指が指すところを見て、彼女は泣きだした。四年間かわされつづけていた、まさにその論争だったのだ。

そしてもちろん、ユシコはその裁判で勝った。大勝利だ。

祈り、重荷を投げかけ、そして捧げるというのは、真の強大なパワーにアクセスするようなものだ。いったいどうして使わないの？

助けを招く

助けを求めて祈る必要があるかもしれないのに、つい忘れてしまうことがときにある。ある日、州間高速道路八八〇号線を走っていたら、オークランドを抜けたところでエンストした車の後ろについてしまった。窓から腕を出して合図しても、誰も車線変更させてくれない。車が唸りをあげて通りすぎるなか、私はパニックにならないように努めた。

それで最後にやっと、頼むことを思い出したのである。「どうか、どうかお願いします、私をここから解放してくれる人を送ってください」

少ししたら、トラックが速度を落とし、ライトを点滅させて手振りで合図してくれた。頼むだけですんだ！　でももしあなたが忘れても、落ちこまないように。私は思い出すのに十分もかかったのだから。

神よ、しかるべき援助をつねに受け入れさせてください。私はあなたのあらゆる形の助けを歓迎し、喜んで受けとります。

宇宙時計を尊重する

エゴの欲するタイミングでことが進まないと、人はよく試されていると感じる。

私は三十年間、世界中の人々にカウンセリングをしていた。やがてそれがかなり窮屈に思えてきて、今しているように、書いたり教えたりしたいと強く思うようになった。ところがおかしなことに、宇宙は私の小我が変化を求めて苛立っていることに、お構いなしに見えた。それから五年間、私は何を試しても、まるでのりで貼りつけられたみたいにその職から動けなかったのだ。クラスを告知してもまったく席が埋まらない。プログラムを告知してもクライアントたちは一様に無視。とにかくまだそのタイミングではなかったのだ。あの最後の何年かは、サソリにつま先を食《は》まれながら、熱い砂の上を這っているような気分だった。

最終的にやめることを〝ゆるされ〟たとき、自分が大きな転機に備えて根本的に準備していたのだとわかった。でもやめたいという強い思いは、完全に準備ができる何年も前に湧いたのだった。

ゆだねるという苦悶の過程が終わる頃、私の仕事はついに神に帰属した。私は自分の教えにそって生きることができたというわけだ。つまり、自分自身が手放せないのに、どうしてそれを教えられようか。

ひとたびそのときになると、彼女は一気に門をあけた。『とんでもなく全開になれば、すべてはうまくいく』は勢いよく売れはじめ、人々は以前なら気にも留めなかったコースを欲するようになった。信号が赤から青に変わっていて、進めのタイミングだ！

だからたとえば、あなたが特定の職から自分の興味のある仕事へと移行したいとする。

それを愛に捧げよう。「あなたはそのタイミングをわかっています。あなたはその方法をわかっています」。するとおそらく想像していたよりも早く、かつ有機的に、切り替わりがやってくる。とはいえひょっとすると、まさに私がそうだったように、しばらく制止される可能性もある。するとあなたは、目には見えない重要な準備が進行しているのに、先を急ごうとするかもしれない。

エゴをベースにした引き寄せの法則的思考パターンだけでタイミングを見ると、たぶんこう考える。「私は思い描きつづけている……宇宙にくり返し働きかけている。何が欲しいか言いつづけている——なのに、扉が一向にひらかない。私はコーチングをもっと受けないといけない」

しかし、神のタイミングでの霊妙な誕生はとても違う。あなたは状況を丸ごと捧げるのだ。「あなたは私の才能を知っています。私の力量を知っています。私は奉仕したくてしかたありません。もしこの変化が起こることがお望みなら、どうか最初の一歩を示してください」

これは希望的観測をしているのでも、消極的でも、楽観的でもない。じつはかなり具体的だ。あなたは重荷を投げかけ、道を示してくれるよう頼む。それでもし、外からも内なるスパンダも、何のきっかけもやってこないなら、あなたは例の神の一時保有タンクのなかにいて、準備中なのかもしれない。しかし恐れてはいけない。あなたは行動するときになれば、行動している！　新たなる時に向けて休息中の場合だってある。なぜならその時が来たとたん、あなたは全力投球しているからだ。

個人セッションをしていたあの最後の二年間はとくに、私は心底から、潰れそうなくらい、すっかり終わりきった気分だった――でも宇宙は、まだ門をあける時期ではないとわかっていたのだ。そしてその時が来ると、ほぼ一夜にして大きな変化が起こった。

また、たとえその切り替わりにしばらくかかっても、あなたが何か間違ったことをしているとは限らない。

とにかく捧げつづけるように。

パイづくり

この生き方においては、決断はしかるべきタイミングになれば、おのずとされる。

迷いがあるなら、たとえさっぱりわけがわからなくても、今いるまさにその場所にいるのが最善の場合もある。

ときには、まだ必要でないことから守られている場合もある。状況が調理中なのだ。

もしあなたが次から次に障害にぶつかっているなら、ただそのすべてが調理されるにまかせよう。今ものすごく手間に見えることも、後にはパイづくりくらい楽ちんなことだってある……それにどのみち、べちゃべちゃの物なんて本当に食べたい？

後になれば、美味しくなる。

なぜなら、準備が、できて、いるからだ。

WEEK EIGHT

BEING THE ABUNDANT ROAD

第8週

豊かな道でいる

あなたが道を知る必要はない。
道が道を知っているのだ。

——作者不詳

ちょうど庭の植物たちがそうであるように、みなそれぞれのペースでひらく。あなたは今から三か月後、あるいは六か月後、「わあ！　お金のことがしょっちゅう気にならなくなってる。必要なものごとはやってくるって、なぜか信頼してる。気前よくなるのが怖くない。前にした間違いのせいで悩むこともなくなってる」と、気づけば思っているかもしれない。

五つのステップをこの最終週も続け、そして必要ならその後も――毎日でも、その気になったときだけでも――継続するに応じて、古いパターンは溶けつづける。これはあの、昔ながらのプラスチック製氷器から、氷の塊をポンポン外すのに似ている。製氷器を冷凍庫から出したばかりのときは、左右に上下にねじったりして、本当に手をかけないといけない。すると氷ひとつはポンッと外せるかもしれないが、続けてねじっているうちに、少し溶けてから一気にたくさんの塊が飛び出してくるのだ。

五つのステップもそれに似ている。時間と実践を重ねれば、古いパターンがより解放されやすくなる。これはあなたがより頑張っているからではなく、ようやく神に取って代わられるままにしているからだ。すると、流れを迎え入れるのが自然になる。金銭面が劇的に変化したり、最も意外なところからチャンスが生じたりするのも、目の当たりにするかもしれない。その道はつねにまっすぐで平らというわけではないし、障害物がないわけでもない。けれど捧げれば捧げるほど、あなたはいっそうしっかり源に錨を降ろすのだ。

捧げることが、まさにその基礎だ。これは私たちが教えこまれている諸々すべてとは逆で、だからこそ習慣的にくり返す必要がある。そしてそれを本物にするには、ただ結果に無執着になるしかないのである。

ちょっとの期間で、たくさん受けとる！

おそらく人生で初めて、あなたは自分の金銭状態が劇的に変化するのを見るか、または受けとり力が猛烈にひらきつつあることに気づくかもしれない。私は次の女性のつくった具体的なリストがとても好きで、それは神の世界では、とるに足らないことなど何ひとつないからだ。何であれ、あなたの来たる福を告げる前触れになる。

捧げ、あなたのコースを聴講し、そして豊かさの祈りを毎日続けた結果、とても素晴らしいことがたくさんやってきました。どんどん来るので、リストアップしていて嬉しいし、面白いです。

・呼ばれるように古いコートを着て、ポケットに手を入れたら二十ドル見つけた。
・私にクリスマスプレゼントをうっかり贈り忘れたと言う人から、二十ドルもらった。
・捧げた瞬間に、オーディオブックとか、テレビやラジオの宣伝から適切なメッセージが来た。
・仕事を仕上げないといけないと思っていたまさにその日、大雪で休みになった。
・私の病状について何も知らない人が本をくれて、そこに必要な治療法がすべて書かれていた。
・そして最も驚いたことに、自分の人生から大勢のサイキック・バンパイヤを切り捨てても、罪悪感を覚えなくなった。

ありすぎて挙げきれないくらいです。私は捧げることを目いっぱい楽しんでいて、どんな娯楽よりもいいと思っています。答えや解決策がぽんぽん現れて、単に〝まだ〟や〝必要ない〟という感じの答えですらないのです。以前はどうやって神さま抜きで、暗闇のなかを困惑してつまずきながら進んでいたのか、ほとんど思い出せません。

〝私の〟が死す

第六週の第二ステージで述べたように、ゆだねることを知的に理解するのはそれなりのことだ。でも同時に、ただのいい考えでしかない。思い起こせば私自身、手放すべき、と書かれたスピリチュアル本は数えきれないほど読んだ。そして思ったものだ。「本当に？どうやって⁇　だってごまかせないでしょ。エゴが必死に何かを欲しがっているときは、どうすればいいの？」。最も確実な方法はひとつに、私の、を外すことだ。するとすぐに、捧げることの第三ステージへと上昇する。

ゆだねることについて書かれたものは数ありますが、このやり方に出合うまで、私はとにかくその方法がわかりませんでした。わかっていたのはただ、しんどい生き方を続けるのは自分にはムリだということだけです。

私は四十歳にしてようやく、教育者に生徒のトラウマについて教える、という目的を見つけました。ところが私自身十四年間教師をしていたというのに、学校の意思決定者に面談のアポを入れてもらうには至れませんでした。でもあなたのおかげで、〝私の〟ワークショップを神のものにする必要がある、とわかったのです。

そこですべてを彼女に返し、ぜひ奉仕したいと言いました。すると程なくして、そのワークショップにぴったりのビデオを見つけました。それをフェイスブックで共有すると、二時間もしないうちに、十五年間話をしていなかった友人がメッセージをくれました。その人は校長で、このテーマについて話せる人を探していたというのです。今人を説得したり甘い言葉で言いくるめたりしようとするのは、私には拷問でした。今のやり方はとても楽でしっくりきています。

ビジネス系のコーチのなかには、「外まわりをして自分を売らないといけません。売り込み電話は一日に百件。怠けていてはダメ！」と、アドバイスする人もいる。これをすべき、あれをすべきという話を聞かされ、あなたは思う。「それについては考えさせてもらってもいいですか。だって正直なところ、そんなことをするくらいなら、むしろ橋から飛び降りたほうがましですから」。多くの人にとっては、この強引なアプローチはトラウマになったり虚しくなったりする。これも単に別の種類の行為者主体にすぎないのだ。

代わりに、計画を神に捧げよう。〝私の高大な目標と志〟から解き放たれるのだ。アパリグラハ（非所有）やヴァイラーギャ（無執着）、それにイーシュヴァラ・プラニダーナ（ゆだねる）という至宝であなた自身を飾るのだ。あなたは言う。「わかりました、神さま。もしこれが起こってほしいなら、道をひらいてください。その人脈をやってこさせてください。私を必要とするみなに、私を見つけさせてください」

しかるべきタイミングで、シンクロニシティの壮麗な行進が始まる。

そして、この道を行く最大の喜びと奇跡はひとつに、神の代理として与えはじめると、あなた自身の必要なものごとも満たされるということだ。あなたは生《せい》に奉仕し、生はあなたに奉仕し返す。もちろん、そこに試練が一切ないというわけではないけれど、あなたはかつてないほど意外で恩恵ある形で養われる。あなたは神の給与名簿に載るのである。

〝神の給与名簿に載る〟という考えに、想像したことがないほど励まされています。なんて喜ばしいパラダイム・シフトでしょう。自分が神の財源を扱う係になるってことですよね。請求書の支払いをしたり人に何かをあげたりするときは、神のお金を配っているということ。素敵ですね！

さて、みなさんのなかにはこう思っている人もいるかもしれない。「あのね、もうこの本も終わりに近いんです。それで、正直なところ、この神なる源というのが本当に存在するのかまだわかりません。私の一部は相変わらず、これを希望的観測じみた、カリフォルニア流いんちきだと思っています」。それはわかる！と言うべく、私はここにいる。その一部こそが条件づけされて癖になっている部分なのだ。（そしてじつは私自身、東海岸のユダヤ系というルーツのせいで、迷える皮肉屋さんへの特別な愛情がある）。それでもなお、私は提案する。頭で考えたら留《とど》まりたくなる所を、試しに通りすぎてみるのだ。

捧げることに立ち戻ろう。

失うものは絶対に何もないのだから。

流れとともに動く

豊かさの道を行く（あるいはより厳密には、その道になる）というのは、ひとつに観察である。しっかり注意を払い、ひとつのチェックポイントから次のチェックポイントへ、流れとともに動くこと。おわかりのように、あなたの招きがあれば神は何でも誰でも使えるのだ！　ときには、誰かがなぜだかわからないけれど、あなたの代理で動いてくれることもある。

あなたがイエスと言ったから、神が引き受けているのだ。

私は長いこと新しいｉＰｈｏｎｅが必要だったのに、なかなか買い替える時間をつくれないでいた。それがある朝、サンフランシスコ行きの連絡船を待っているときに携帯電話を落としてしまって、スクリーンが粉々に割れてしまった。

とうとう新しいのを買いにいくしかなくなって、安心したくらいだ。

私はＡＴ＆Ｔに向かった。すると支払いに行くと、さっきまで愛想の良かった営業担当が急に感情を爆発させた。「だめです！　これをあなたにお売りするわけにはいかないと、たった今思いました。なぜかは説明できませんが、あなたはアップルに行かないといけません。信じてください」。なぜそんなことを言うのか、彼は私と同じくらい困惑しているようだった。

さて、理屈で考えれば激怒するか、言い争うか、そんなところだろう。だけどなぜわざわざそんなことを？

それで私はアップルに行った。そして四百ドルを支払いかけたところで、営業担当の女性が駆け寄ってきた。そして熱心に、私に耳打ちしたのだ。「お姉さん！　こんなことしたら私クビになってしまうんですけど、いいですか、一度しか言いませんよ、この電話はここで買わないで！　同じのがベスト・バイ［訳註　アメリカの家電量販店］でバーゲンになっていて、百四十九ドルなんです。お姉さん、わかりました？」

私は彼女をハグして、ベスト・バイに向かった。ブラボー、神なる源！　あなたは私が予定していたより二百五十ドル安く、新しい電話を買ってくれたんですね。

軽い荷物

この旅はすべて、より軽くなることがポイントである。過去から抱えてきた感情的重荷を軽くする。自宅をガラクタから軽くする。憤りや復讐心の個人的集積から軽くなる。つまりは、流れを遮るものを何であろうと手放しているのだ。

あるとき、グアナフアトとサン・ミゲル・デ・アジェンデという、メキシコの高地にある私のお気に入りの二都市への旅行のため、荷物をつめていた。私はヘアドライヤー二個に靴六足を持ち歩くような人ではないけれど、普通サイズのスーツケースに、温暖な日中用と寒い夜用、それに雨に対応できるくらいの衣類を入れていた。あ、それに本も数冊。

さて、迎えが来る十分前、いよいよスーツケースを閉めようとジッパーを引いたら、丸ごとちぎれてしまった。お終いだ。

「冗談でしょ？　つめなおす時間もないのに？」と、おきまりの一分が過ぎた。とはいえ、捧げれば捧げるほど再調整されるのも早いので、抵抗して時間を無駄にするようなことは、ほぼなかった。私はこの面倒をすべて愛に捧げた。そして何度か深呼吸をすると、新たな考えが浮かんだ。「カバンを間違ってた！　あの小さいのにして」

そこで、旅は二週間だというのに、機内持ちこみのキャリーバッグを急いでとってきた。じっくり考える時間はないので、私の身体を乗っ取って何を持っていくべきか示してくれるよう、神に頼んだ。すると私の脳みそが静まり、いっぽう両手は物から物へと流れるように動き、ひたすらつかんでいった。セーター、水着、ヨガ用品──物が次々に、キャリーバッグのなかに放りこまれた。本はなし。コンピュータはベッドの下へ戻す。

終わった瞬間、電話が鳴った。迎えだ！

でも興味深いのはここからだ。メキシコに行くために、まずサンフランシスコから飛行機に乗り、ロサンゼルスに飛んだ。ロサンゼルス空港では、不滅の神聖なる指令のもとで、全フライトが着陸前に最低二十分は旋回しなくてはならず、さらには、なんでゲートがないんだと思いながら誘導滑走に二十分かけなくてはならないので、私たちは本当に遅れていた。ほとんど時間がない状態で、私はメキシコ行きに乗り継ぐため、隣りのターミナルへとハッピーな子どもさながらにキャリーバッグをコロコロしながら走った。そして考えた。荷物を預けた人たちは間にあったのだろうかと。

間にあわなかったのだ。

何時間も後、私は活気みなぎるグアナフアトの中心に、何年かぶりに降り立った。予定の滞在先は、ネットで素敵なツリーハウスのように見えたホテルだ。女性に道順を訊ねると、カラフルな家が並ぶ、転げ落ちてしまいそうな坂の上をまっすぐ指さして、クスクス笑った。「気をつけて《クイダテ》！　トレシエントス　エスカレラス！」

三。百。段。

問題ない。魔法のキャリーバッグを手に、ほんの朝のワークアウトだ。でもあの別のスーツケースを運んでいたらどうなっていたかと思うと、身震いがした。神が重い荷を負わないようにといかに強く主張していたか、私は旅のあいだ驚嘆しっぱなしだった。彼女は必要な物をすべて前もってわかっていて、それは私が思っていたよりずっと少なかったのだ。

神の秩序

もうおわかりだろうが、神の秩序とは執着して追い求めることでも、踏みつけにされて消極的でいることでもない。あなたは至高の結果に同調し、しかるべきタイミングでしかるべき行動に導かれるままにする。そして具体的な問題があれば、ときに単に待つことが正しい道筋の場合もある。扉がひらけば、自分でわかるものだ。必要なすべてに答えが来ると信頼するなら、誰かを説得したり、考え直させたり、自分の価値を証明したりする必要は一切ない。あなたとエネルギーが調和している状況や人々はすでに本能的にわかっていて、しかるべきタイミングでやってくる。

神の秩序？　待ってください。神がもともとこの上なく素晴らしいパターンでできているということですか。私が時の終わりまで掃除する運命にあるのは、じつは神の無秩序ではないと？　私が神の創造物のせいにしている感情的カオスは、ちょっとした投影にすぎないと？　それもその投影の根底にあるのは――よりによって――両親と仲良くないがための感情的カオスだと？　もし私が何かが美しくて良いとわかっているなら、神さまも同じくわかっていて、それも私が頭で理解できる以上の愛と完成された知をもってわかっていると、そういうことですか。
もしかすると、これはうまくいくかもしれません。私は最適なパターンは存在し、それは神の秩序の一部として愛に属すると信じています。それを呼び起こせるかもしれませんね。こんな優しい関係は、たぶん想像したことがありません。ああ、どうか実現させてください！

輝かしく愛に導かれて

あなたは自分で気づいているかもしれない。この取り組みをしばらく続けた今、スピリチュアルなあり方を書いた生真面目な教則本への執着がはがれ落ちるのを。あなたは感じとっているのだ。この途方もない恩寵と知性のパワーが、かつてないほど深く、ときには最も予想外の形で、あなたとかかわるのを待ち構えているということを。

あなたのおかげで本当に、また楽しんで神を知れるようになりました。今ではかたときも神を、つまり私が子どもの頃に知っていた万物の本源を、忘れることはありません。思い起こせば、私はこの愛と調和し、自分の安全や居場所を疑っていませんでした。今その感覚が戻ってきています。素晴らしくて、なじみ深くて、そしてあまりに感動的で言葉に表せません。

捧げ方を教えてくれてありがとう。ゆだねることにはとてもパワーがあります。すべてを神に捧げ返した瞬間、〝答え〟が来るのが早かろうが遅かろうが、心地良い安心感に浸れるのです。

答えがやってきたいようにやってこさせるという、新たな能力をくれてありがとう。そして、ものごとが愉快に……それも神さまと一緒に起こっていく、そんなエピソードを話してくれてありがとう。おかげで大変な時期を楽に優雅に乗りきれました！

最後に、毎日が神との対話というだけでなく愛の営みなのだと、改めて気づかせてくれてありがとう。私は神にぞっこんです。そして愛するにつれ、日々華々しく導かれ、守られ、そして支えられています。しなくてはならないのは、招き、そしてひらくことだけ。それも日々簡単になっています。

私はこのすべてを学ぶ準備が万端だったので、あなたの研究がやってきたのですね。

これは、この愛に対して自分をひらくためのお祈りである。

親愛なる主《しゅ》よ、私の恐怖と幻想のヴェールを通して見えることをはるかに超えた計画があると、そう信頼させてください。必要なすべてが毎瞬満たされると知り、そしてあなたのみが私を導くと知り、あなたの流れに調和して動けますように。あなたの滋養たっぷりで途方もない愛で、私を満たしてください。私はあなたのもので、あなたは私のものので、私たちはひとつです。すべてはうまくいっています。

ギリギリでの決断

最後にひとつ話をしよう。数年前、私は死の淵をさまよう友人の家にいた。彼女は大腸がんのため何か月もかけて徐々に衰えていて、友人や家族がみな集まっていたのだ。私たちの社会の標準的物差しで言えば、彼女はとても成功した女性だ。子どもがふたりいて、心から愛していた。著名な衣装デザイナーとして暮らしぶりは素晴らしく、ゴールデングローブ賞も二度獲得していた。カリフォルニアで最も素敵な場所のひとつである、マリン郡に居心地のいい家を所有し、世界中を旅して得た異国の貴重な品々をたくさん飾っていた。多くの人が羨むような人生を送っていたのだ。

もしあなたが誰かの最期を看取った経験があるならわかると思うが、人は向こう側へ行く準備をしながら驚くほど明晰になることがある。それがここで起こったのだ。ある種の不思議な透明感が彼女を満たしているように見えて、そして彼女が話すにつれ、私は自分自身が息を引きとるまで忘れないであろうメッセージを聞いているとわかった。

震える哀愁をおびた声で、彼女は言った。「ひとつだけ、大きな後悔がある――自分の日常的な願い以上の何かに、人生を捧げたことが一度もないの。私にはふたりの素晴らしい子どもがいて、創造力を発揮するチャンスがたくさんあった。だけど一から十まで、自分が幸せになると思うことしかしなかった。神に、『どうすればあなたに奉仕できますか。本気なんです、どうすればあなたに奉仕できますか』って、一度も聞かなかった。もし聞いていたら、何が起こっていたかわからないわよね」

顔は青白くやつれきっていて、ほとんど透き通っていた。息子がベッドに腰かけて母親の手を握り、切羽つまったように耳元で声をかけた。「ママ！　遅くないよ。そう聞きたいなら今からでもできる」。彼女は長いこと息子にほほ笑みかけ、そして目を閉じた。

その旅立ちとともに、体感できるほどの平和と軽やかさが部屋に入ってきて、私は彼女が終《つい》に聞いたのだと確信した。

そしてそれがどんな影響を与えたかは、誰にもわからない。そう……す、べ、て、に。

最後の瞑想

少しのあいだ、自分の呼吸を意識しましょう。心が穏やかになるエネルギーを吸い、心配や恐怖心を吐き出しましょう。呼吸をしながら、リラックスして内なる静かな場所へと入っていくのを感じてください。その場所は、つねにあなたの帰りを待っています。

そこで休憩しながら、あなたの金銭面のすべてが、この輝かんばかりの愛に捧げられているのを、もう一度イメージしましょう。両手のひらを空に向けて、あらゆる心配、あらゆる重荷、あらゆる請求書、そのすべてが愛に捧げ返されるのが見えます。次のように言いましょう。「あなたは私に必要なすべてをわかっています。そして今ようやく、すべてがあなたのものです。あらゆる方法で、至高のことが起こるままにしてください」

平和と、それが手放されたのを感じてください。

でも、ここでさらに一歩進みましょう。想像してください。今やお金は完全に捧げきったので、ほかのものも捧げられたがっています。

あなたの存在丸ごと。

そして、あなたは準備ができています。

すべてを知るこの愛の力が、あなたを待っているのを感じましょう。この愛の力は、あなたの聖なる捧げものを完全に受け入れ、喜んでいます。あなたという捧げもの。あなたのすべてです。捧げものとしてよりふさわしくなる必要はありません。

もっと良くなる必要は何もないのです。あなたはずっと、愛に属するに値していたのです。

それどころか、あなたが愛そのものなのです。

今やあなたは愛のものです。

リラックスして、何分かそれを感じていましょう。

それから、目をあけてください。

さらに深く入るための参考資料

神の導きにまかせるというこの行為は、それ自体に命が通うまで積み重ねと覚悟を要する。そこで、その過程で役に立つ資料をここに挙げる。最初の三つは、ウェブサイト：ToshaSilver.com で入手可能。

私の研究、及び活動より

とんでもなく全開に生きるフォーラム：二〇一五年、人々が神の導きにまかせられるよう真摯に支援する目的で開始した、オンライン・コミュニティ。内容は、週一回の私とのオンライン・トークと、世界中の人々とつながるフェイスブックのプライベート・グループ。

クラス：ウェブサイトに掲載している次のクラスでは、本書で扱ったトピックを補足する情報を豊富に提供。

- Both Psychic Development and Psychic Development 2.0 (for help with cords and chakras)
- Shifting Desires into Preferences
- Balancing Giving and Receiving
- Offering: The Key to Joy
- Invite the Inner Kali Power

[訳註：ご参考までに訳出すると下記のような内容になる]

- サイキック開発、及びサイキック開発2．0（コードとチャクラについての参考に）
- 願望から好みへと切り替える
- 与えることと受けとることのバランスをとる
- 捧げること：喜びへのカギ
- 内なるカーリー・パワーを招く

私を変えてください・豊かさのための祈りフルバージョン：もしこのお祈りを愛用しているなら、ウェブサイトで簡単に入手可。無料ダウンロード版と、額に入れるのに適した有料の高画質版がある。

ソーシャル・メディア：ほぼ毎日、インスタグラムやフェイスブックに私が投稿。私たちがようやく注意を払いはじめたときに神がしょっちゅう介入してくる、その面白い例を共有することを愛している。ぜひご参加を！

その他

捧げることとゆだねることについて、古代の美しいスピリチュアルな営みを根本から深く知りたい場合に。

- 『ヨーガ・スートラ』パタンジャリ
- 『バガヴァッド・ギーター』
- ルーミーやハーフィズの詩

・『人生を開く心の法則』フローレンス・スコヴェル・シン

謝辞

神はもしあなたに何かをしてもらいたいなら、それをする強さをくれるか、しかるべき助けを運んでくる。これは私の好きな格言のひとつだ。今回、彼女はその両方をしてくれたと思う。この本をつくりあげる長い過程で、私を守ってくれた人たちがたくさんいる。もしうっかり誰かをあげ忘れていたら、先にお詫びする。

まず良き友でありマネージャーの、マット・クライン。この道中、毎日、忍耐強く、優しく、そしてユーモアをもって、私を扱ってくれた。

素晴らしい仏教徒闘士であるわがエージェント、ステファニー・テイド。昔から（そして今も）、素晴らしい友であり、支援者だ。私が何度か感情を爆発させたときも、きまって思いやり深く耳を傾けてくれ、魔法を起こしてくれたことには頭が下がる。

この複雑な過程を思慮深く勇敢に進めてくれた、パティ・ギフトとリサ・チェンに感謝を送る。アン・バーセル、土壇場で現れて、私たちが雄弁に優雅に勝利のゴールを収められるよう支えてくれてありがとう。

もともとの《あなたのお金じゃありませんコース》の書き起こしを、どうすれば使える文書へと鮮やかに変えられるかを知っていた最初の編集者、メリッサ・ルッソ。かけがえのない存在だ！

ケリー・マローネ（通称ポルトガルのダンシング・クイーン）は原稿全体にきめ細かく手を入れて、出版社に提出できるよう整えてくれた二番目の編集者だ。牡羊座的な熱意とユーモアに相まって、しかるべき言葉がしかるべきタイミングでかならずわかるというその卓越した技がなければ、本書は絶対に仕上げられなかっただろう。彼女は私にとって最も大切な友人のひとりとなった。

クリスティアン・ノースロップ医学博士は、最初からメール仲間でありチアリーダーであり盟友だ。彼女のことは心からありがたく思う。

もの書き仲間でありスネーク・クイーンであるナタリー・ハガティは、通話アプリのフェイスタイムで、何か月も自習室セッションにつきあってくれた。正直なところ、彼女がいなければどうなっていたかわからない。

デイビッド・レーンは私のこれまでの全著作に続き、助っ人であり、抱腹絶倒のインスピレーションのもとだった。

ボディ・リーガン、ハンナ・ウェア、サラ・ブーショ、そしてサラ・ドルーは、ずっと友情に厚い大親友でいてくれている。ありがとう。

それから、この真っただ中に両膝をひどく損傷した私を快復させるべくやってきた、ヒーラー隊がいる――ケリー・ハワース、マシュー・グラハム、アンディ・レスコ、そしてロドニー・マクブライドだ。

そして《あなたのお金じゃありませんオンライン・コース》に申しこんでくれた多くの素晴らしい人々へ、ありがとう。みなさんの熱心な励ましに助けられて、この本ができた。

最後に、ショーン・ヘルマン・マーコードに深く感謝する……理由なんてない。

著者について

トーシャ・シルバー　Tosha Silver

イェール大学で英文学の学位を取得したものの、途中でヨガ哲学に惚れこむ。過去三十年にわたって、内なる愛に波長を合わせる方法を世界中の人々に教えている。他著書に『とんでもなく全開になれば、すべてはうまくいく』、『私を変えてください』、『Make Me Your Own』など。サンフランシスコ近郊で暮らし、これらの古代の美しい手法に従う人々へ継続的サポートを提供すべく、オンライン・スクール、《Living Outrageous Openness（とんでもなく全開に生きる）》を運営。詳細は、ToshaSilver.com へ。

陳腐な専門用語や常套句を何が何でも避けながら、神を受け入れる新鮮で愉快な方法を見つけることを、とりわけ楽しんでいる。神聖なものと俗世的なものが本当はいかに一体か、その様を愛する。真摯に招かれると――誰からでも――愛そのものが導きはじめるのだ。

宇宙は神のパーティだ。

ありのままのあなたでご参加を！

釘宮律子　Ritsuko Kugimiya

青山学院大学国際政治経済学部卒業、オックスフォード・ブルックス大学大学院にてコンピューターサイエンスを専攻、修士。訳書に『最高の人生を引き寄せるには自分を愛するだけでいい』『「夢をかなえる」自分になる』（共に大和書房）、『とんでもなく全開になれば、すべてはうまくいく』『私を変えてください』『ぼくはのっぽの大リーガーだった』（以上、ナチュラルスピリット）など。

それはあなたのお金じゃありません

聖なる豊かさで満ち足りて生きる！

●

2021年3月15日　初版発行
2024年6月27日　第4刷発行

著者／トーシャ・シルバー
訳者／釘宮律子

装幀／松岡史恵
編集／山本貴緒
DTP／山中 央

発行者／今井博揮
発行所／株式会社 ナチュラルスピリット
〒101-0051 東京都千代田区神田神保町3-2 高橋ビル2階
TEL 03-6450-5938　FAX 03-6450-5978
info@naturalspirit.co.jp
https://www.naturalspirit.co.jp/

印刷所／シナノ印刷株式会社

ISBN978-4-86451-361-6 C0010

とんでもなく全開になれば、すべてはうまくいく

宇宙の導きに任せよう

トーシャ・シルバー 著
釘宮律子 訳

四六判並製／定価 本体 1600 円+税

全米でベストセラー！

「引き寄せの法則」「ビジョンボード」などの願望実現系よりも、
もっと自由と喜びとグレースに満ちた生き方があります。
それは宇宙 (神)に信頼して、
とんでもなく全開に生きる生き方。
心が軽くなるユーモアいっぱいのショートエッセイ集。
直観で開いたページに答えがあるかも！

お近くの書店、インターネット書店、および小社でお求めになれます。

私を変えてください

ゆだねることの隠されたパワー

トーシャ・シルバー 著
釘宮律子 訳

四六判並製／定価 本体 1700 円+税

『とんでもなく全開になれば、すべてはうまくいく』に続き、全米ベストセラー！

祈りの真髄はゆだねること。
最高に楽しくて元気が出る「聖なる計画」とは？
仕事やお金、恋愛、そして自己尊重など、さまざまなトピックを網羅し、
独特の情熱とユーモアを織り交ぜながら語る、祈りとエピソード集。
祈り方のクイックガイド付き。

お近くの書店、インターネット書店、および小社でお求めになれます。